恺撒王朝 / 01

THE CAESARS
VOLUME I

恺撒

Julius Caesar

罗马巨人

Roman Colossus

LARS BROWNWORTH
[美]拉尔斯·布朗沃思 著
严匡正 译

中信出版集团 | 北京

图书在版编目（CIP）数据

恺撒：罗马巨人 / (美) 拉尔斯·布朗沃思著；严匡正译. -- 北京：中信出版社, 2021.10
（恺撒王朝）
书名原文: Julius Caesar：Roman Colossus
ISBN 978-7-5217-3418-8

Ⅰ. ①恺… Ⅱ. ①拉… ②严… Ⅲ. ①恺撒(Caesar, Gaius Julius 前100-前44)—传记 Ⅳ. ①K835.467=2

中国版本图书馆CIP数据核字(2021)第166514号

THE CAESARS by LARS BROWNWORTH

恺撒：罗马巨人

著　　者：[美] 拉尔斯 · 布朗沃思
译　　者：严匡正
出版发行：中信出版集团股份有限公司
（北京市朝阳区惠新东街甲 4 号富盛大厦 2 座　邮编　100029）
承 印 者：北京中科印刷有限公司

开　　本：880mm × 1230mm　1/32　　印　　张：7.25
字　　数：128 千字　　插　　页：4
版　　次：2021 年 10 月第 1 版　　印　　次：2021 年 10 月第 1 次印刷
京权图字：01－2021－3625
书　　号：ISBN 978－7－5217－3418－8
定　　价：58.00 元

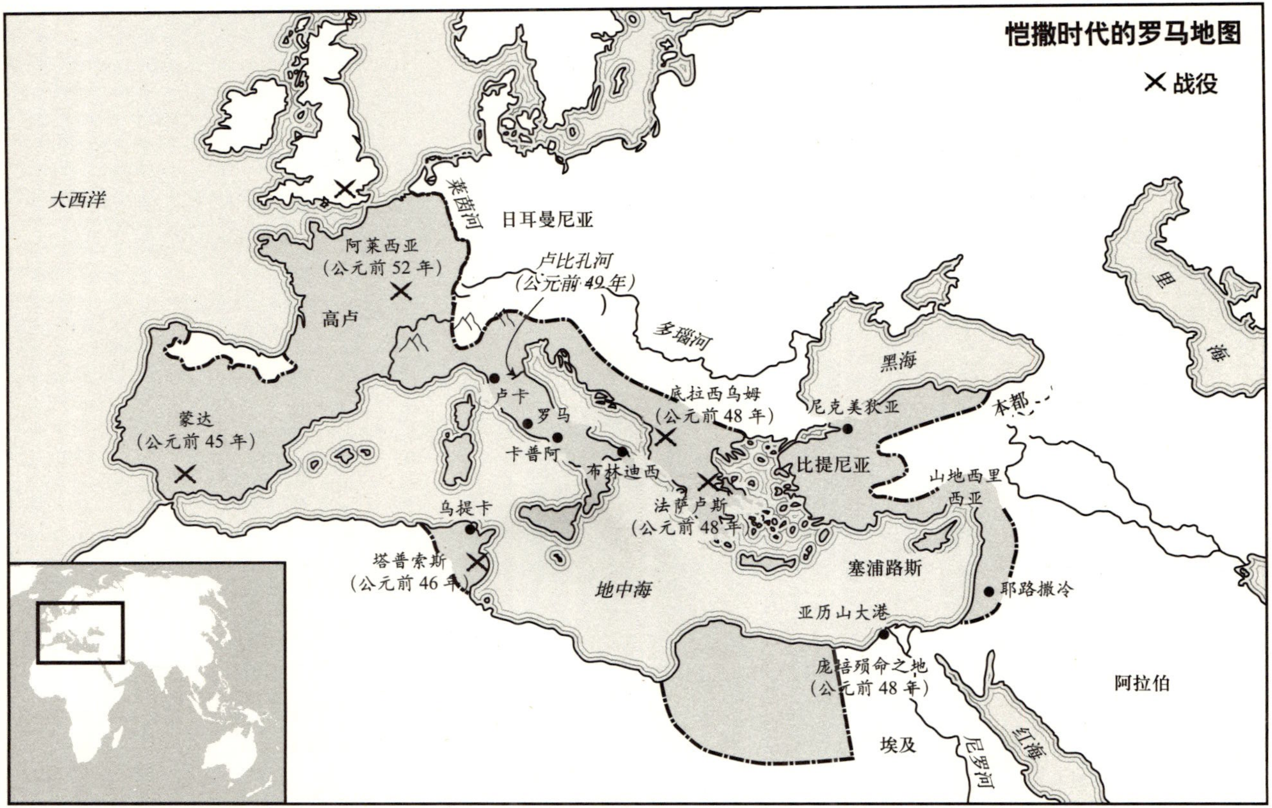
恺撒时代的罗马地图
战役
大西洋
莱茵河
日耳曼尼亚
阿莱西亚
（公元前52年）
高卢
卢比孔河
（公元前49年）
多瑙河
里
海
黑海
蒙达
（公元前45年）
卢卡
罗马
卡普阿
布林迪西
底拉西乌姆
（公元前48年）
尼克美狄亚
本都
比提尼亚
山地西里
西亚
法萨卢斯
（公元前48年）
乌提卡
塔普索斯
（公元前46年）
地中海
塞浦路斯
耶路撒冷
亚历山大港
庞培殒命之地
（公元前48年）
阿拉伯
埃及
尼罗河
红海

目 录

献给埃勒特森

登场人物简介

Cast of Characters

阿利奥维斯塔（Ariovistus）：日耳曼军阀，控制着如今的佛兰德斯（Flanders）地区。

奥丽莉亚 · 恺撒（Aurelia Caesar）：朱利乌斯 · 恺撒（Julius Caesar）之母。

比布卢斯（Bibulus）：加图（Cato）的女婿，恺撒的死敌，于公元前 59 年与恺撒共同执政。

布鲁图（Brutus）：罗马共和国创始人的后裔，最著名的刺杀恺撒者。

德西莫斯 · 布鲁图（Decimus Brutus）：马尔库斯 · 尤尼乌斯 · 布鲁图（Marcus Junius Brutus）的族兄，恺撒的密友，刺杀恺撒的三名主要人员之一。

法纳西斯（Pharnaces）：米特拉达梯之子。他面对恺撒时的迅速溃败，促使恺撒说出了那句名言“我来，我看见，我征服”（vini, vidi, vici）。

盖乌斯 · 马略（Gaius Marius）：罗马将领。朱利乌斯 · 恺撒的姑父。他七次当选执政官，以血腥政变武力夺取了罗马。

喀提林（Catiline）：罗马贵族。他试图推翻共和国，但被西塞罗（Cicero）阻止。

卡尔普尼亚（Calpurnia）：朱利乌斯 · 恺撒的第四任妻子。

卡西维拉努斯（Cassivellaunus）：抵抗恺撒入侵的不列颠部落酋长。

卡修斯 · 朗吉努斯（Cassius Longinus）：布鲁图的女婿，庞培（Pompey）的支持者，刺杀恺撒的三名主要人员之一。

恺撒里昂（Caesarion）：朱利乌斯 · 恺撒与克娄巴特拉（Cleopatra）之子。

科妮莉娅（Cornelia）：朱利乌斯 · 恺撒的第二任妻子。

科苏提娅（Cossutia）：朱利乌斯 · 恺撒的第一任妻子。两人曾订婚，不过史学界对两人是否正式结婚存有争议。

克拉苏（Crassus）：罗马首富，执政三巨头之一。

克娄巴特拉：埃及法老，恺撒的情人。

克洛狄乌斯（Clodius）：放荡的贵族和煽动者，曾试图勾引恺撒的妻子。

卢修斯 · 尤尼乌斯 · 布鲁图（Lucius Junius Brutus）：罗马共和国的建立者，最著名的恺撒刺杀者的先祖。

马尔库斯 · 雷必达（Marcus Lepidus）：罗马元老，朱利乌斯 · 恺撒的盟友。

马克 · 安东尼（Mark Antony）：恺撒最信任的副手之一。

米特拉达梯（Mithridates）：本都王国（Pondus）国王，也被称为“毒王”（Poison King），三次入侵罗马领土。

“伟大者”庞培：罗马将领，恺撒的主要竞争对手。

庞培娅（Pompeia）：朱利乌斯 · 恺撒的第三任妻子，苏拉（Sulla）的外孙女。

塞维利娅（Servilia）：恺撒最宠爱的情妇，马尔库斯 · 尤尼乌斯 · 布鲁图之母。

斯巴达克（Spartacus）：领导奴隶起义的逃亡角斗士，被克拉苏杀害。

苏拉：罗马将领，曾进军罗马并自任终身独裁官，盖乌斯 · 马略的竞争对手。

提图斯 · 米洛（Titus Milo）：庞培雇用来制衡克洛狄乌斯的帮派领袖。

托勒密十三世（Ptolemy 13th）：克娄巴特拉的弟弟和丈夫，策划谋害了“伟大者”庞培。

托勒密十四世（Ptolemy 14th）：克娄巴特拉最小的弟弟和丈夫。

瓦罗（Varro）：罗马学者，效忠庞培，定义“博雅”（liberal arts）概念的第一人。

维钦托利（Vercingetorix）：高卢首领，曾建立高卢统一战线反抗恺撒。

屋大维（Octavius）：恺撒的甥外孙，未来的罗马皇帝。

西塞罗：罗马政治家和演说家，偶尔会与恺撒统一战线。

小加图（Cato the Younger）：保守派元老，著名的斯多葛学派成员和恺撒反对派。

秦纳（Cinna）：盖乌斯 · 马略的同僚，恺撒之妻科妮莉娅的父亲。

朱丽娅（Julia）：盖乌斯 · 马略之妻，朱利乌斯 · 恺撒的姑姑。

朱丽娅（Julia）：朱利乌斯 · 恺撒与科妮莉娅之女，恺撒唯一的婚生子女，与“伟大者”庞培结婚。

第一章

罗马政斗

Chapter 1

The Suburra

罗马之事权，奠基于其古老之习俗和国民之品质。

——恩尼乌斯

“如果某个孩童幼年早逝，家人应该轻松地放下哀伤……如果他死在摇篮里，那甚至不应有丝毫在意。”罗马政治家西塞罗的这句建议，反映了罗马共和国的最后 100 年里有关婴儿死亡率的残酷现实。* 三分之一的新生儿活不过 1 岁，成长到青春期的仅有一半。因

* 西塞罗这句话写于他心爱的女儿图莉娅（Tullia）死于分娩后的一个月。他希望以此表达自己的痛苦，尽管失去孩子实属常见。在拉丁语中，没有专门指代“婴儿”的词汇。

此，在公元前 100 年 7 月初的一个温暖的日子里，当奥丽莉亚·恺撒诞下一名男婴时，庆祝活动多少有些平淡。这名号哭不止的婴儿刚洗过澡，裹着襁褓，被他的父亲一把抱起，举在空中。这昭示着他正式加入朱利乌斯家族。九天后，他被赋予了与父亲相同的名字——盖乌斯·朱利乌斯·恺撒（Gaius Julius Caesar），还得到了一块幸运护身符，悬挂于颈间。*

朱利乌斯·恺撒所在的家族，其历史比罗马本身还要久远。他们声称自己是女神维纳斯之孙、埃涅阿斯（Aeneas）之子、传说中罗马人的祖先朱利乌斯的后裔。† 在他们的血液中，罗马的神性之源和人性之源融为一体，家族成员也活跃在这座城市最早的传说之中。一位成员据说曾侍奉罗慕路斯，另一位则是罗马共和国创立之初的第一批执政官中的一员。朱利乌斯家族接触过每一个重要的政府职位，至少有 12 人曾担任执政官，甚至还有一人当过独裁官 ‡。

如此熠熠生辉的家谱，确实值得庆贺。朱利乌斯家族的住宅就

---

* “恺撒”（意为“毛发浓密的”）这个名字的来源即使在古代也存在争议。它可能源于一个从死去母亲的腹中诞生的毛发特别蓬乱的祖先。或者，考虑到这个词类似摩尔人的词，它可能指的是恺撒祖父在非洲猎杀的大象。恺撒之后在硬币上使用了大象的图案，可能代表对这个故事的认可。

† 朱利乌斯·恺撒可能认为自己是罗慕路斯（Romulus）的远房表亲。

‡ 独裁官是罗马共和国的一个职位，由元老院提名，经选举产生，属于紧急时刻的非常任长官，任期一般为六个月或更短。

堪称彰显其赫赫威名的纪念碑。与入口相接的柱廊，其规格堪比一些宏伟的寺庙，引导着访客进入内部的圣域。随后是中庭，巨大的门厅里陈列着朱利乌斯家族过世成员的蜡制面部塑像，时间可以一直追溯到第一位族人，乃至神圣的女族长维纳斯。

然而，朱利乌斯家族的历史存在一个问题，那就是它在很大程度上只属于过去。光鲜亮丽的家族名人里，显然没有当代成员的身影，而住宅外部的环境也令人不适地暴露了家族的没落。曾经的时尚社区，如今已经成为拥挤的贫民区。* 与之为邻的，除了妓院、酒馆和几座破落庙宇，就是一些油漆斑驳、木头腐烂、摇摇欲坠的出租宅邸。一切都弥漫着一股衰败的味道。过去两个世纪里，朱利乌斯家族仅有两位成员成功晋升高位，家族的财政状况也急剧恶化。看来，即使是最耀眼的贵族证书也无法抵挡命运的捉弄。

作为一家之主，老恺撒有责任扭转这一趋势。他设法与同样来自名门望族的奥丽莉亚缔结了婚姻，并在军队中服役——毕竟，军队是从政的天然踏板。不幸的是，在罗马政治的血雨腥风中，财富、野心和才能是不可或缺的三要素，而老恺撒无一拥有。

他拥有的，只有一个名叫朱丽娅的未婚妹妹。但事实证明，她就是让家族命运发生戏剧性逆转的关键。在恺撒出生的十年前，朱

---

* 恺撒的住所大概坐落于如今罗马斗兽场（Colosseum）的位置。

丽娅嫁给了罗马共和国的新星——富可敌国而又侵掠如火的盖乌斯·马略。

罗马从来没有过马略这样的人。公元前157年，马略出生在意大利中部一个尘土飞扬的小镇——阿尔皮努姆（Arpinum）的一个小富之家。他既善于抓住机会，又能不断地自我宣传。这一点在他十几岁的时候就已表现得十分突出。当时他设法用自己的斗篷接住了一个掉下来的鹰巢，并发现这一窝里有七只幼崽，这可是闻所未闻的稀罕事。于是他立即宣布，这是来自朱庇特（Jupiter，其象征是飞鸟）的神谕，表明他将七次成为执政官。* 这种想法会让任何有自知之明的共和国居民感到震惊。尽管罗马是一个鼓励雄心壮志的城市，但太大的野心同样令人不安。过度的权力欲往往象征着专制独裁，这在成年人身上尚且显得不太体面，而在一个青少年身上出现，则是彻头彻尾的荒谬。诚然，共和国过去的一些伟大人物曾不止一次担任执政官，少数几个甚至三次当选。但七次显然太过分。马略还不如直截了当地表示自己想当国王。†

毫不意外，马略迈向伟大的道路也要经过军队，这是一个人政

---

* 至少这个故事由马略亲口所述。他将雄鹰作为罗马军队的官方标志。

† “国王”这个头衔是罗马政治中的终极禁忌。在公元前6世纪末摆脱了君主制后，罗马人便决心不再重蹈覆辙。仅举一例，罗马共和国的创始人卢修斯·尤尼乌斯·布鲁图在自己的儿子试图恢复君主制时当即处决了他们。

治生涯的通常起点。他在军中迅速得到提拔，最终被任命为远西班牙（Hispania Ulterior，如今的西班牙南部）总督。所有人都看得出，他必能一展宏图。在他从西班牙归来，与朱利乌斯·恺撒的姑姑朱丽娅完婚后，他受到了双方家庭的欢迎。马略得以进入纯血贵族的专属社交圈，而囊中羞涩的朱利乌斯家族则获得了政治影响力。

然而，围绕在马略身边的优雅贵族未能改变他那蛮横的性格。他是典型的“新人”，是外来者，他把自己质朴的德行和接地气的价值观发挥得淋漓尽致，以此赢得大众的支持。* 他承诺会毫不妥协地打破贵族对权力的顽固把持。他给一位东方国王的建议，可谓是他的政治哲学的概括：“要么比罗马强大，要么臣服于罗马。”在政治乃至其他一切领域，马略都打算成为那个最强者。

他言出必行。不过短短几年，他已成为罗马最具权势之人，被公认为共和国的杰出人物。朱利乌斯家族这一注显然押对了。政治职务和利益开始惠及整个家族。朱利乌斯·恺撒的父亲被任命为亚细亚总督，他的叔叔也担任了执政官。

与此同时，马略的职业生涯有如好莱坞的剧本。利用一次送上门来的军事危机，他成功当选执政官，这对于一个没有显赫祖先的

---

* “新人”（novus homo）一词的字面意思是在其家族历史上第一次担任重要行政官职的人。

罗马人而言可是高难度成就。执政官是共和国权力的实质顶点，是一个人政治生涯的非凡成绩。按照传统，在一年的任职期——越安稳越好——过后，执政官会优雅卸任，过上舒适的退休生活，或在元老院中担任资深政治家。然而，马略想要的远不止于此。在任期届满之前，他成功推动了一系列改革，废除了在军队服役的财产要求。这立刻解决了军队的人力问题，并在城市的穷人中发掘出巨大的兵源储备。更重要的是，它有效地将士兵们的效忠对象从罗马转移到了自己身上。*

此举推翻了四个多世纪以来的罗马传统，但这不过是马略野心的开始。在得知几个日耳曼部落越过阿尔卑斯山入侵意大利，并在沿途击退了几支罗马军队后，马略当即驰援。在一场激烈的交锋中，他在战场上留下了 30 多万具蛮族的尸体，并被大喜过望又心怀感激的首都人民称作“罗马的第三位缔造者”。† 这本应是他职业生涯的巅峰时刻，但马略仍未满足。在接下来的几年里，他践踏传统，抛开一切法律的伪装，一口气担任了六次执政官。史无前例的荣誉和职务，让他最热忱的支持者也感到紧张，元老院对此怒不可遏。

马略的反对者在卢修斯·科尔内利乌斯·苏拉（Lucius

---

* 服兵役者通常会得到土地作为奖赏，将领会将它们分发给退伍军人。

† 第一位缔造者当然是罗慕路斯。第二位是马尔库斯·富里乌斯·卡米洛（Marcus Furius Camilus），他在公元前 4 世纪抵挡了高卢人的大规模入侵，拯救了罗马。

Cornelius Sulla）身上发现了意外之喜。苏拉曾是马略的副官，出身于贵族家庭，但他的家族很久以前就陷入贫困。他年轻时曾和被释放的奴隶住在同一寓所，如此才能勉强承担租金。在苏拉的继母和情妇相继意外死亡，并将她们的财产悉数遗赠给他后，他才得以逃离贫民窟。*

突如其来的财富使苏拉有了从政的机会。他参加了马略在北非发动的一次战役，希望能以此建功立业，在选举中得到选民的留意。他有一双打动人心的蓝眼睛和一头耀眼的金发，足以让人印象深刻，而他准确无误的战术意识很快就引起了大将军的注意。他很快被提拔为军中的二号人物，深受马略信任，以至于马略回到罗马参加选举时，让他负责北非军队的工作。

在许多方面，苏拉与他的上司恰恰相反。马略粗鲁蛮横，苏拉优雅迷人；马略以他的农民作风为豪，苏拉则散发着贵族的高傲。然而，他们也有共同点，那就是强烈的野心。由于马略坚持要把苏拉作战取胜的功劳占为己有，他们不可避免地反目成仇。

尽管苏拉从未失去他对低级趣味的偏好——包括他令人尴尬的与优伶共餐的习惯，但元老院认为他比平民主义者马略要好得多。他们不失时机地牺牲马略的利益来帮助苏拉飞黄腾达，而且随着苏

* 当时和事后都有传闻称两人之死对苏拉而言“太过幸运”，但没有任何证据。

拉的明星效应日益明显，逐渐上了年纪的马略将军地位已经不再稳固。当意大利盟友中出现了反对罗马的严重叛乱时，马略本以为自己会被提名为最高统帅。但元老院将这一头衔授予了他的对手，此举令他深感受辱。

当时的马略可能已经中风，于是他怒气冲冲地告老退休，回到自己的一处庄园静观其变：元老院早晚会意识到苏拉能力不足，并为自己的错误而忏悔。再有危机出现时，他确信自己的名字会被每一个人再次提起。

马略没有等太久。罗马与其前意大利盟友的激战引起了米特拉达梯的注意。米特拉达梯是黑海南岸的小国本都的国王，富有雄心。* 他向来浮夸，习惯穿着金色盔甲和配有狮皮的、模仿大力神赫拉克勒斯的服装。他声称自己是波斯国王居鲁士大帝（Cyrus the Great）的后裔和亚历山大大帝（Alexander the Great）麾下至少两位将军的后裔。米特拉达梯还有个著名的称号："毒王"。他 13 岁时亲眼见到父亲被人毒害，因此可以理解，他尤其害怕同样的命运降临在自己身上。他很快建立起古代世界最大规模的毒药收藏馆，据说还在那些死刑犯的身上一一试验毒药。人们普遍认为，他通过一种新奇的方法获得了对毒药的免疫力，即在一段时间内少量摄取每

* 本都王国位于如今土耳其的东北部。

一种已知的毒药。甚至还有传言称，他炼制了一种万灵解毒剂，尽管没有人能解释他为什么还需要这种解药。*

米特拉达梯多年来一直试图扩张王国领土，却并没有被视为强大的威胁。由于他荒唐的着装和对肮脏伎俩的爱好——他富有创意的战术包括向对方的步兵投掷蜂巢，或是把腐烂的尸体发射到城墙里传播疾病——他的喜剧性似乎更大于威胁性。但米特拉达梯选择的时机非常好。罗马人在东方很不受欢迎。趁着罗马忙于在亚平宁半岛与前盟友作战，米特拉达梯组织了一场起义，造成了可怕的后果：一天之内，包括妇女和儿童在内的 8 万多名罗马人遭到屠戮。一位惊慌失措的历史学家声称，待到夜幕降临之时，已经没有一滴罗马人的血液还在流动。罗马人对于东方的控制力荡然无存，米特拉达梯迅速横扫了雅典。

这场灾难的规模让整个共和国感到恐慌。被称为“同盟者战争”（The Social War）的意大利叛乱已经持续了一段时间，最终被匆匆终结。† 盖乌斯·马略确信他的时代已经到来，立即返回了罗马。然而，他没能让人们相信他还适合担任最高统帅：他已年近七十，而

* 据称这款解毒剂的配料包括大蒜、肉桂、木炭、生姜、欧芹、鸦片和鸭血——以及其他秘密成分。

† 朱利乌斯·恺撒的叔叔卢修斯·恺撒（Lucius Caesar）答应让罗马的前盟友享有完全的公民权，有效地终止了战争。

且身形臃肿，但他坚持脱掉上衣与新兵一起训练，这对他没有任何好处。元老院又一次将最高指挥权授予了他的大敌苏拉。

这最后的拒绝让马略忍无可忍。或许他真的相信自己会七次担任执政官的预言，又或许他像大多数上了年纪的明星一样，虽已不再是公众的关注焦点，却无法优雅地鞠躬退场。趁着苏拉还没来得及接过指挥权，马略率领一支武装队伍来到会场，要求亲率军队抗击米特拉达梯。他手下的暴徒袭击了苏拉的支持者，在混乱中，包括某个执政官的儿子在内的多人被打死。苏拉本人聪明地逃到了马略在附近的一处房产中躲藏，毕竟暴徒可不会把那里砸得稀烂。对苏拉而言幸运的是，老将军马略对这位对手的性命不感兴趣，只想要他的指挥权，这一点很快得到了元老院的批准。

然而，历史在这里出现了极具讽刺意味的转折，马略发现自己似乎是作茧自缚。他推行的改革已经导致罗马军队仅效忠他们的指挥官，而非国家——而绝大部分士兵认为苏拉才是指挥官。马略曾率领的老兵早已退役，近十年里都是苏拉在封官行赏。来自罗马的任何法令都比不上苏拉的命令。因此，当马略派自己的代表到在罗马城外扎营的军队中发号施令时，这些代表很快就被杀害。另一方面，当苏拉在几天后出现时，他受到了士兵的热烈欢迎。

苏拉此时正面临职业生涯中最关键的时刻。虽然他已经得到了军队的拥护，但马略掌控着罗马，他很难率军东征。另一方面，要将马略逐出罗马，必须诉诸武力，但如此一来内战几乎不可避免。不过，苏拉几乎没有犹豫。他放弃了讨伐米特拉达梯，而是带领着麾下六个军团直奔首都。在共和国存在的四个半世纪里，罗马第一次遭到了罗马将领的进攻。*

马略对此措手不及。他匆忙组建起由角斗士和重刑犯组成的乌合之众进行防守，却被轻松击垮，只得屈辱地逃亡。对所有人而言，幸运的是苏拉无意在罗马长留。他敏锐地意识到自己越来越不受欢迎，他向罗马进军已经犯了众怒。离开是唯一明智的选择。即使是他在元老院的支持者，也对他的所作所为感到震惊，而且他必须赶紧处理米特拉达梯的问题。苏拉只来得及快速通过两项决议：第一，他的指挥权得到了官方认可；第二，盖乌斯·马略被宣布为人民公敌。不过，在大部分罗马人来看，苏拉才是那个不法者。

与此同时，马略已经逃到了非洲，谋划着东山再起。他与一位名叫秦纳的流亡执政官结成同盟，苏拉一走，他们就以救世主的身份回到了意大利。欣喜之情并未持续太久。马略只热衷于一件事：复仇。恐怖的阴云笼罩了整座城市，一个人一旦被马略认定为敌

---

* 苏拉的军官们对此感到惊恐万分，不少人离队潜逃。但这从另一方面也说明士兵们对进攻罗马没有任何疑虑。

人，就会面临可怕的后果。元老院里大部分成员都是苏拉的长期支持者，他们遭到了系统清洗。虽然马略的精神已经越来越不正常，但他和秦纳跳过了选举流程，直接当选了执政官。他终于实现了预言，第七次坐上执政官的位置，但作为一位曾被致敬为“罗马的第三位缔造者”的人物，其职业生涯以这样的方式落幕，实在是一种悲哀。马略的结局很快到来，17 天后他就去世了，这令所有人松了一口气。

马略的死亡给大部分杀戮画上了休止符，但大众的焦虑并未得到缓解。秦纳仍然握有罗马，而苏拉则在外率领着六个军团。马略还是苏拉？罗马的每个人都被迫做出选择。

第二章

朱庇特的大祭司

Chapter 2

Flamen Dialis

经验乃万物之师。

——恺撒

和罗马的多数家族一样，朱利乌斯·恺撒的大家族也有许多分支。老恺撒现在有一个艰巨的任务，那就是在逐渐升温的政治环境中保护他的子女的利益。他已经采取了一些措施来确保他们的事业。卸任总督后已经颇为富有的他，在聘请家庭教师上毫不吝啬，以保证他杰出的儿子得到良好的教育。许多演说家来到了恺撒的家中，其中有一个名叫马尔库斯·安东尼·格列法（Marcus Antonius

Gripho）的高卢人，他被普遍认为是罗马口才最好的雄辩家之一。朱利乌斯·恺撒原本是个活泼好动的孩子。但母亲给他灌输了铁的纪律，而学校的教育制度也十分严酷。与班上的其他男孩一起，他从清晨开始上课，直到黄昏降临才放学，很少有课间可以放松休息。上课期间，还有手持鞭子的辅导员来回巡视，回答慢了或者错了，都可能被鞭打。

恺撒的家庭给他补足了最后一块教育拼图。家中陈列的蜡制面部塑像，让他对自己的血统有着明确的认识，或许还让他对自己的命运产生了信念。他最早的一批作品就包括赞美半神赫拉克勒斯的文章。赫拉克勒斯本是一介凡人，却最终进入天堂。

恺撒的母亲奥丽莉亚对他幼时的成长有着最为重大的影响。她和丈夫一样出身于贵族家庭，是一位尽心尽力的典型罗马主妇。从游戏到学习，小恺撒生活的方方面面都受到严格管制。如此约束下，他的童年不可能非常愉快，但这样的教育却造就了一个有纪律的人。无论如何，童年时光很快就过去了。

在盖乌斯·马略去世后一年（公元前 85 年），老恺撒在低头穿鞋时猝死。* 作为一个野心和才能有限、性格温和的人，老恺撒没有给他日后成名的儿子留下什么深刻印象。不过，他的离世却让 15

---

* 朱利乌斯·恺撒的父亲和祖父都是在这种情况下猝死的。

岁的恺撒和恺撒的两个姐姐失去了庇护。

保护他们的任务现在落在了奥丽莉亚的肩上。丈夫和大恩人马略均已不在，她目前的当务之急就是给儿子找个合适的配偶。她已故的丈夫显然没什么大志向，安排恺撒与一位出身较低的女子结婚，但这段婚姻现在来看显然需要放弃。* 贵族婚姻的意义在于让家庭的财富增值。

幸运的是，要给恺撒找个合适的媳妇，政治上的考虑相对简单。既然秦纳在罗马掌权，恺撒的配偶当然要来自秦纳一派。奥丽莉亚的交际能力此时派上了用场，特别是她与已故的马略的关系，促成了一桩极佳的亲事。秦纳把自己的女儿科妮莉娅许配给了恺撒。此外，恺撒还被任命为朱庇特的大祭司（Flamen Dialis），这是一个古老且备受尊敬的职位，享有神职津贴和一间不小的房子。担任朱庇特的大祭司要遵守许多宗教上的禁令，包括不得触摸金属、不能看见尸体以及不能骑马等，实际上使恺撒丧失了从政和从军的资格，但可能这才是重点。† 在这样一个动荡的世界里，祭司是一个稳定的终身职业，可以远离那些危险的雷区。母子两人对此应该都很满意。

---

* 女孩的名字叫科苏提娅，关于恺撒已经和她结婚，还是仅仅和她订婚，学界有很大的争议。但不管怎样，两人缔结婚约时，恺撒应该是 14 岁。

† 朱庇特的大祭司这个职位，在罗马共和国成立之前业已存在。它的许多禁令都相当奇怪。例如，恺撒被禁止在户外脱衣服，他不能给狗起名字，也不能接触豆子或在葡萄藤下行走。

毫无疑问，许多人对此颇有微词：恺撒这样一个年轻贵族，凭什么担任如此高级的职位。他看起来没什么出众之处。如今16岁的他身高适中，皮肤白得不自然，有一头浅色的波浪形头发，脸庞宽阔，眼睛黑亮。他尽管并非体弱多病，却经常头疼，且随着年龄增大情况日益恶化。此外，他总是显得病恹恹的。他最大的兴趣似乎是流行时尚或八卦，他在个人仪表上花费的时间超乎寻常。与那些喜欢长袍的保守神职人员不同，他穿着宽松的衣服，腰间围着一条时髦的腰带——这种造型很快就被当时城里喜欢潮流的年轻人广泛模仿。简而言之，没有任何证据表明恺撒比那些与他成天厮混的人更了不起，他不过是一个轻浮的花花公子。不过，潜藏在这种软弱外表下的，是非凡的自信和钢铁般的意志。恺撒很容易被人低估，但低估他非常危险。

如果说奥丽莉亚为儿子争取朱庇特的大祭司的职位是想以此作为在未来政治动荡中的保障，那么她的担忧的确有先见之明。仅仅一年多时间，苏拉就成功结束了对米特拉达梯的讨伐，再次带领着军团开向罗马。恺撒的新岳父秦纳被自己的士兵处以私刑，而被派去阻止入侵的军队则当场倒戈。当苏拉于公元前82年11月到达罗马时，他的麾下又加入了另外几个军团，其中包括两位雄心勃勃的年轻将领庞培和克拉苏率领的部队。秦纳的统治崩溃了，而愤怒的苏拉进入了罗马。恺撒家站错了队。

马略进入罗马的过程混乱而又血腥。苏拉的部队则纪律严明、组织有序，但他造成的后果恐怖得多。正如他的某个敌人所说：苏拉有时像狮子，有时像狐狸，但相较而言，狐狸才更加令人害怕。

恐怖的不是杀人这件事本身，而是苏拉杀人的方式。他的杀戮有一种超然的平静，仿佛不认为屠刀下的人还属于人类。他进城后首先进入元老院，向聚集在一起的贵族讲话。就在他发言时，附近大竞技场（Circus Maximus）里痛苦的尖叫声此起彼伏，他的士兵正忙着在那里屠杀俘虏。不安的元老们开始骚动，但苏拉冷淡地表示，他只是在让几个捣蛋鬼闭嘴。

苏拉的意图，正如他经常宣布的那样，是要修复破碎的共和国。胆怯的元老院忙不迭地让他荣誉加身，他们一致同意授予苏拉独裁官的权力。这是近一个多世纪以来共和国诞生的首位独裁官。按照罗马共和国的法律，这个职位有着六个月的严格任期，仅限于国家出现紧急情况时才设立。然而，苏拉的任期没有限制，权力也毫无制衡。这位自称“共和国救世主”的人是一位名副其实的国王。

在苏拉看来，他的首要任务是清洗元老院。他审查了元老院的名单，随即向他的士兵发布命令，杀死那些曾经站在马略和秦纳一边的人。几天后，一位支持者请求苏拉公布官方的斩首名单，以免其他人神经过于紧张。苏拉同意了，并在接下来的三天里公布了一份包含 500 多人名字的“公敌宣告”。[*] 这些在宣告上的不幸者将被视为国家的敌人而被当场处死，他们的所有财产将被没收或被拍卖。更重要的是，任何实施杀戮的人，甚至包括奴隶，都能得到两塔兰特的奖赏，而这可是一小笔横财。[†] 因此，一股不祥的恐惧之云笼罩了整个城市。邻居反目成仇，朋友互相怀疑，每一次社交聚会都可能致命。丈夫在啜泣的妻子的怀抱中被屠戮，母亲眼睁睁看着对方从自己怀里夺走儿子，并将他们当场杀害。

宣告上的一些人无疑是因为支持前政权而获罪，但还有更多的受害者，他们唯一的罪行就是富有。在之后几个月的时间里，清洗一直持续，多达 9 000 人因此死亡，给城市造成了深深的伤痛。

令人惊讶的是，朱利乌斯·恺撒并没有在这场清洗中丧命。奥丽莉亚的社交关系，以及恺撒的贫穷，使他得以保全。苏拉的独裁对他而言可谓是“塞翁失马，焉知非福”。因为他被剥夺了神职，所以他可以自由地从军或参政。他唯一要做的就是离婚。一个人如

---

* 虽然有了名单，但人们心中的大石也很难落地。在发布“公敌宣告”后，苏拉又唯恐不乱地表示，这份名单并不详尽，只包含了他当时能想到的名字。

† 将罗马共和国的货币转换成现代的等价物几乎不可能，因此以下换算仅供参考。塔兰特原本是个重量单位，1 塔兰特大约是装满一个双耳瓶所需的水的质量，因此，两塔兰特大约等于 142 磅（合 64.4 千克）黄金。

果仍然与秦纳的女儿维持着婚姻，就很难指望得到独裁官的青睐。当然，拒绝的话只意味着一件事。苏拉可不是既往不咎的人。他进入罗马后的表现很好地证明了这一点：他的第一批命令就包括让士兵们砸烂马略的坟墓，把腐烂的尸体拖出来游街示众并砍成碎片。

对 18 岁的恺撒而言，离婚不该是一个特别困难的选择。为了生存，这样的代价并不高昂。科妮莉娅已经无法在政治上为他带来帮助，而且对于一个雄心勃勃的年轻人来说，有很多更合适的对象可供选择。然而，恺撒决心当一个独立自主的男人，他第一次展现出那种将使他达到无上顶点的胆识——他拒绝了。这个姿态很棒，但无异于自杀。恺撒的名字立刻出现在了“公敌宣告”上。就在那天晚上，他尽管发了高烧，但还是被迫逃离罗马。

第三章

逃　亡

Chapter 3

Exile

被称为国王的生物，本质上都是食肉的。

——加图

离开罗马后，随之而来的就是持续数周的痛苦逃亡。恺撒很少在同一个地方睡两次觉，白天他在伪装中度过，晚上则躲藏在潮湿不适的山洞里。他必须贿赂那些为数不多的收留他的人，以免他们走漏风声。他的健康状况开始恶化。苏拉的秘密警察似乎无处不在，并且至少抓住了恺撒一次。在某次疾病发作，虚弱乏力时——这可能是困扰他晚年生活的那种疾病第一次发作——恺撒遭到了逮捕，好在他及时贿赂了腐败的队长才得以逃生。

他最终通过参军逃脱了追捕。从很多方面来看，这都是明智之举。他已经丧失了开始传统政治生涯的机会，但他的姑父马略已经开辟过另一条道路。战功可以轻易地转化为政治职位，而东方的军队不在苏拉的掌控之下，十分安全。参军后，他能以荣耀作为掩护，并以征服者的身份回到罗马。

恺撒接受的第一批任务包括出使年迈的比提尼亚（Bithynia）国王尼科米德斯四世（Nicomedes IV）的宫廷。这个王国位于如今的土耳其北部，毗邻黑海。恺撒表面上的使命是组建一支舰队，最好由尼科米德斯出资。他津津有味地投身于这项工作，让老国王为之着迷，以至于两人陷入爱河的说法开始广为流传。他的政敌——未来会有更多——开始称他为“比提尼亚女王”，这项污名一直伴随着他的余生。尽管如此，这项使命还是取得了巨大的成功，因为恺撒说服国王将比提尼亚的大部分舰队送给了他。*

之后，他回归军队，参与了对希腊的莱斯博斯岛（Lesbos）的进攻，并打出了更加响亮的名声。由于表现出色，他还赢得了槲叶环（civic crown）——以橡树叶编织而成的花冠，用于奖励拯救同

---

* 完成任务以后，恺撒在比提尼亚仍然逗留了相当长的时间，这让谣言更加猛烈。无论两人的关系如何，罗马都从中获得了回报。六年之后，尼科米德斯四世去世，他在遗愿里把自己的整个王国赠予了罗马。

袍于危难中的勇士。这是罗马军中最受尊敬的奖励之一，佩戴者有权得到优待。从此刻起，即使是元老们也不得不起身向戴着它的少年致敬。

当恺撒在东部的军队中混得风生水起时，他的母亲奥丽莉亚正忙着为他回归罗马做好铺垫。她仍然与支持苏拉的许多名门望族有着家族上的联系，几乎所有的人都被拉拢来恳求独裁官将她的儿子从“公敌宣告”上划去。最终，这番讨价还价以维斯塔贞女（Vestal Virgins）集体为恺撒求情而达到顶点，年迈的苏拉松口了。不过，在赦免恺撒之前，据说苏拉曾咆哮着说，“那个孩子体内有很多马略的特质”，他要把它们统统扼杀。

也许恺撒足够精明，他并不完全相信苏拉的宽宏大量。因此他将返回罗马的时间推迟了两年，直到这位独裁官安全地死去。* 此时，革命的气息已经扑面而来。这一年的执政官之一、一位名叫马尔库斯·雷必达的元老高举反叛大旗。元老院中最有名望的一些人都蜂拥支持他。死去的独裁官的亲信们即将被扫地出门，共和国即将重筑稳固根基。

恺撒匆匆赶到雷必达的总部，在那里他受到了热烈欢迎。这是

---

* 苏拉的死亡方式恰如其分。他在愤怒地要求勒死一个贪官时，突然口吐鲜血，倒地不起。随后他被抬到自己的床上，次日一早他就去世了。

任何雄心勃勃的年轻人都梦寐以求的机会：不必经过烦琐的选举或奋斗，立刻晋升到高级军事和政治职位。他所要做的只是抓住对方伸出的橄榄枝。

朱利乌斯·恺撒在之后的生涯中反复证明，他是一个愿意冒险的人，但他并不鲁莽。雷必达或许既有财富，又有军队，但恺撒对他并不感冒。* 如果革命事业失败，那么所有的许诺和甜言蜜语都不再值得。恺撒仔细观察后发现，雷必达既缺乏魅力，也没有才能。于是他礼貌地回绝了叛军所有的进一步示好。

结果表明，恺撒此举非常明智。苏拉的政府根深蒂固，没有那么容易被推翻。它还拥有几个优秀的将领，其中最突出的是年轻又迷人的庞培。雷必达的叛乱被轻易粉碎了。†

罗马让恺撒更加失望。这里的政治氛围并不像他认为的那样充满希望。过去十年的动荡，使这座首都对于革命兴味索然。由于苏拉在巩固政权方面取得了显著的成功，因此，作为一名回归的流亡者，恺撒开拓新事业的机会似乎已经微乎其微。

---

* 雷必达富可敌国。人们普遍认为他拥有罗马最好的一套房子，还有一副描绘特洛伊城陷落的华丽铜盾。他的儿子与他同名，将成为深受恺撒信任的副手之一，并与屋大维和安东尼组成后三巨头同盟（Second Triumvirate）。

† 支持雷必达的人中，最著名的是老布鲁图，即未来刺杀恺撒的布鲁图之父。庞培在老布鲁图投降后背信弃义地杀害了他。

苏拉是一位奇怪的暴君，一位血腥的独裁官，他真诚地把自己看作共和国的伟大战士。尽管他曾用剑尖夺取权力，但他并不激进。他拥有古老的贵族血统，在内心深处仍是一位极端的保守主义者，不懈地提升所在阶级的古老权利。他意识到这个政体有问题，也知道问题的根源和治疗方法。在过去的美好时代，元老院曾带领共和国发展成为横跨地中海的伟大国家。大西庇阿（Scipio Africanus）和卢修斯·尤尼乌斯·布鲁图等贵族英雄将潜在的暴君和野蛮的入侵者统统打垮。但在过去的两个世纪里，由于无耻的煽动家们逐渐增加了平民的权力，元老院的权势与威望江河日下。这才让盖乌斯·马略这样缺乏教养，也没有受过什么教育的可恶“新人”钻了空子，在法律之上横行霸道。这些异想天开、滥用武力、极不可靠的暴徒进入了政治圈，导致整个国家现在摇摇欲坠。

治愈共和国的顽疾相对而言不算复杂，但只有苏拉既有足够的认识，又有相应的手段。必须打压平民，扶持元老院。公民大会（popular assemblies）被适当削权，而元老院的特权则大大增加。苏拉几乎遏止了所有非贵族的权力来源，还采取措施整顿了政府秩序。他规定了担任各政治职务的最低年龄，而违背“荣耀之路”（cursus honorum）晋升体系的人，最高将被判处死刑。再也不会有盖乌斯·马略这样七次担任执政官的人了。

这或许是苏拉的愿望。不过，这一切的改革都充满了讽刺意味。无论怎样摇旗呐喊，无论颁布怎样的元老院法令，都无法掩盖一个事实，那就是苏拉本人的夺冠行为已经彻底违犯了罗马法律。而且，他的榜样比他的话语产生了更为久远的影响——世事不是往往如此吗？

回归罗马的朱利乌斯·恺撒此时已经23岁，出乎他意料的是，他的政治前景并未受到影响。他的军旅生涯已经表明他是一位勇士，而他在公开场合有权佩戴的槲叶环更说明了这一点。现在的他需要吸引人民的注意。他在自己长大的贫民区里购买了一栋小房子，当起了公共律师，开始寻觅能够给自己带来知名度的合适案件。

他没等多久就找到了一起轰动性的案件。苏拉已经离世，但是他的党羽依然地位稳固。恺撒选择了以贪污罪起诉两名高调的苏拉派官员。在很多人看来，恺撒似乎不太理智，放弃了他在拒绝雷必达时给苏拉一派留下的好印象。但恺撒的决定中既有勇气，也不乏深思熟虑。加入由无能者领导的武装叛乱是一回事，但做出个人的政治宣示则是另一回事。恺撒一如既往地在自己身上押了重注。

苏拉的亲信确实很腐败，他们把持着权力，让元老院外的许多人深感不满。恺撒在这两起案件中都败诉了，毕竟苏拉一派控制了法院，这几乎不可避免——但这不是重点。他已经表明自己甘冒生命危险打击腐败，甚至不惜牺牲自身的阶级利益。他很快就被视为和姑父马略一样的平民派，成了民众的宠儿。*

这两次诉讼还为恺撒赢得了杰出演说家的名声。即使是平民派的坚定反对者、罗马有史以来最伟大的演说家西塞罗，也对此印象深刻。他不情愿地承认，大多数人“即使穷尽一生研究修辞学”，也很难指望自己讲得这么好。

恺撒又赌赢了，不过他仍要付出代价：苏拉一派对于自己的两个人被起诉很不满意，而元老院中的很大一部分人开始厌恶恺撒，认为他是阶级的叛徒。他明智地宣布了出国的计划，表面上为了研究修辞学，实际上是为了让众人的怒火平息下来。

他的目的地是罗得岛（Rhodes），一个位于地中海东部的岛屿，这里有着罗马世界最著名的精修学校。该校的校长是阿波罗尼乌斯·摩隆（Apollonius Molon），罗马的大多数精英都曾聆听他的教诲，包括西塞罗本人。†

---

* 罗马的两大“党派”——平民派和贵族派——并不是现代意义上的政党。事实上，把它们描绘成党派会带来很大的误导，因为它们都认为罗马应该由同一批精英来治理，只是在治理方法上存在分歧。贵族派支持传统手段：主要由元老院商议决定，民众的影响很小。平民派则相反，认为立法应该争取公民大会的支持。

† 这一次，恺撒实际上是在追随西塞罗的脚步。这位伟大的演说家是马略的远房亲戚，几年前胆大到给苏拉的一个门徒定罪。独裁官对此很不满意。而一贯机智的西塞罗迅速宣布自己“由于身体原因”要出国。

如果说这次旅途是为了躲避罗马白热化的局势，那么可以说它是成功的，但这段路程并不平静。冬天的危险穿越没有要了恺撒的命，但在如今的土耳其西南部海岸，他被海盗逮住了。他和同船的人被带到了海盗的隐秘岛屿基地，并在那里商讨赎金。这位年轻的贵族保持了镇定，摆出一副风轻云淡的高傲姿态，让绑架者乐不可支。当被告知需要支付20塔兰特才能脱身时，他骄傲地宣布自己的身价至少值50塔兰特——尽管实际上他已负债累累。

海盗们答应了，他们愿意陪着恺撒玩下去。从外表来看，他确实能支付可观的赎金。他身材高大，穿着最新款式的时装，稀疏的头发经过精心梳理，巧妙掩盖着后退的发际线，从头到脚，他都像一位华而不实的贵族。他僵硬地站立着，似乎无所适从，笨拙地用一根手指挠头，以免头发被弄乱。*

恺撒的随从花了一个多月的时间才从周边城镇筹集到资金去赎回他。这期间被迫的拘束生活让恺撒十分讨厌，被俘期间，他只留下了他的医生和两个贴身男仆，其他随从都被派去筹钱了。为了打发时间，他创作了一些诗歌，并大声读给海盗听。海盗哄堂大笑，告诉恺撒这诗歌简直太烂了。而恺撒总会说他们是无知的野蛮人，应该被钉死在十字架上。他向他们保证，他被释放以后立刻就会这

* 他对于元老院让他佩戴槲叶环的要求十分满意，因为这掩盖了他所谓的“外形缺陷”。

么做。

这种调侃让海盗感到大为有趣，恺撒在整个被俘的过程中，一直保持着这样的态度。这是一种奇怪的囚禁。他和海盗们一起参加体育比赛，在想睡觉时他命令海盗安静，就像海盗是他的保镖而非绑匪一样。

终于，38天后，恺撒的赎金到了，他与海盗深情告别。海盗给他安排了一名向导，帮助他离开海盗的港口，通过迷宫般的水道，来到附近的安纳托利亚海岸。

在那里，他立即组建了一支私人舰队，杀了个回马枪，把措手不及的海盗一网打尽。他丝毫没有食言，这些海盗全部被带回陆地，并被钉死在十字架上。

细心的观察者从这段故事里可以得到一个教训。恺撒声称他对这些海盗并无恶意，作为怜悯，他在海盗们被钉上木头之前就割断了他们的喉咙。然而，私人感情不是重点。即使看起来是在开玩笑，他也言出必行，处决了海盗。整个罗马很快就会发现，对年轻的朱利乌斯·恺撒而言，世间没有什么比他的荣誉更为神圣，他绝非胡吹大气之人。

第四章
初升朝阳

Chapter 4
The Rising Sun

对我们这些手执利刃的人而言，法律是什么？

——庞培

外部世界似乎决意不让恺撒沉迷于他的研究。老恶棍米特拉达梯又一次在亚细亚肆虐，战事对罗马逐渐不利。恺撒以自己的名义组建了一支私人军队，渡海来到大陆，成功赶走了米特拉达梯的部队。在此过程中，他还让亚细亚那些摇摆的城市坚定站在了罗马一边，给了他在首都日益增多的拥趸夸耀的资本。公元前 72 年，凯旋的他轻松当选军事保民官（military tribune），登上了罗马政治阶梯的第一级。

不幸的是，恺撒这次正式从政，并未引发他所希望的轰动效应。因为在他离开期间，政治格局又发生了变化。罗马正因克拉苏和庞培这两位后起之秀的最新功绩而显得热闹非凡。如果说恺撒在开始政治生涯时的挣扎凸显了与苏拉派系作对的危险性，那么克拉苏和庞培的经历则表明了顺从的好处。

马尔库斯·里基尼乌斯·克拉苏（Marcus Licinius Crassus）是不是罗马最精明的人可能存在争议，不过他一定是罗马最富有的人。*他是一位著名执政官的儿子，从小锦衣玉食，但他也知道贫穷的滋味。他的父亲一直公开支持苏拉，因此马略入主罗马时，整个家族都为这种勇敢的行为付出了代价。他骄傲的父亲自尽了，其他家庭成员都被屠杀，28 岁的克拉苏只得逃亡到西班牙。

西班牙也不是克拉苏期望的避难所。马略带来的恐惧早已漫过阿尔卑斯山，无论家族朋友多么同情克拉苏，也没有人愿意冒着激怒马略的风险庇护马略的敌人。这位将来会成为罗马共和国统治者的男人，此时却沦落到住在西班牙一个潮湿的山洞里。

克拉苏的命运在八个月后出现了转折，听闻马略的死讯后，他

---

* 不过正好相反，他来自家族中较为贫穷的那个分支。另一分支的姓氏叫迪维斯（Dives），意为“富有的”。

立即开始招募父亲的老盟友。当率领着一支规模不大的部队回到意大利时，他正好赶上苏拉率军攻打罗马。新鲜血液的加入带来了决定性优势，心怀感激的苏拉将他列为亲密顾问。成为独裁官身边不可或缺的人物之后，克拉苏又投身到重建家族财富的工作中。

正是在这里，克拉苏发现了自己真正的天赋。在一个很多人不懂经济的世界里，他是个天生的资本家。虽然他的大部分财富是从那些在战争中被毁的家庭廉价购得的房地产，但他几乎能够插手罗马的一切事务。

他的惯用伎俩是购买破旧的房屋，然后派遣一批训练有素的奴隶，把它们改造成别致的公寓，再以高价出租。那些参与改造住宅的奴隶，之后就被作为住宅的维护人员租给住户。毫无浪费，不讲情面，事无巨细，必求回报，仅仅几年时间，他就建成了一座房地产帝国，客户网络遍布全城。在其鼎盛时期，他的个人收入堪比整个共和国的国库收入。他的权力和影响力似乎没有极限。正如传记作家普鲁塔克（Plutarch）所言："罗马的大部分地区，都曾在某一段时间处于他的掌控之中。"在西班牙山洞的孤独生活让他很好地吸取了教训，他再也不会那样脆弱无助了。

尽管克拉苏做生意的时候精明又现实，但不可否认，他性格温和。与当时的大多数罗马人不同，他讨厌华丽的演讲，而且相当民主，不会看不起任何一个人。按照普鲁塔克的说法，他对所有地位低下的人都会亲切地直呼其名字致意。这也多亏了他记性很好，擅长闲聊，一开口便是滔滔不绝的溢美之词。

此外，他也相当乐善好施。他资助慈善机构，组织给穷人派发食物，慷慨地置办公共宴席，宴席上供应的免费粮食足够整个城市吃上三个月。他还发放了无息贷款，让有钱有势的人都对他有所亏欠。当然，这一切都是为了积攒人情。在公元前1世纪，罗马的一切都在待价而沽，克拉苏有着自己的算盘。他曾开过一个多少有些不吉利的玩笑：如果不能自费养一支军队，那就还称不上富有。

在罗马，从政的花费高得惊人。克拉苏愿意慷慨解囊，这使他有了一定的知名度。但也有一些微弱的威胁一直紧随着他。他在商业运作时不完全遵守法律，还使过一些见不得人的阴招。在苏拉颁布“公敌宣告”期间，他曾通过在死亡名单上添加他人名字以谋财害命，还毁掉了至少一名维斯塔贞女的名节以夺取她的房产。而最臭名昭著的莫过于他处理罗马某个严重隐患的手段。

在罗马，精英们买得起由砖瓦或大理石建成的房子，但大多数人只能住在草草搭建的廉价木屋里。因此，这座城市时刻面临着火灾的威胁，尤其是那些建筑破烂又扎堆的贫民区。即使一阵微风，也会让火苗在房屋间流窜。一旦起火，只能让它自然烧尽。

克拉苏敏锐地嗅到了商机，组建了一支消防队。房子着火时，他的代表就会出现，并表示：如果房主和受到威胁的邻居愿意以远低于市价的价格当场出售房产，就找人灭火。否则，代表只会在旁等待，等他过阵子再次提议时，报价又要低得多。在房屋被毁、欲哭无泪的业主最终妥协后，克拉苏的奴隶们就会扑灭大火，开始重建。这种无情的做法激怒了许多人，也难怪有传言称有些火就是他自己放的。

此时的克拉苏还没有公开提出政治议程，而是暂且蛰伏。他无可争议的权力保证了他难得的安全，只有傻瓜才想与他为敌。热血的年轻人为了扬名立万往往到处树敌，但他从来不这样。恺撒回到罗马时，克拉苏已经掌握了城里大部分建筑的合同，笼络了大部分政客。他织就了一张遍布罗马各个角落的大网，而他就是网中心的蜘蛛。

但克拉苏并不是罗马最伟大的人。这一荣誉属于这座城市的另一颗新星：庞培。如果说克拉苏是隐藏在暗处穿针引线的大师，那庞培就是在聚光灯下大放异彩的豪杰。他年轻帅气，总是来去匆忙。

这种粗暴的紧迫感最能引发同龄人的遐想。其他人可能会耐心地铺设政治道路，但庞培从不愿意按顺序排队等候。他的大胆几乎让所有人为之震动，他的行为仿佛在宣示：那些规矩只是为其他小角色准备的，与他无关。

庞培只比恺撒大六岁。他出生在一个富裕的小贵族家庭。他的父亲是一位斗鸡眼的将军，以残忍和“灵活的忠诚”闻名。尽管老庞培最终成为执政官，但他背信弃义的行为让他得到了“当代最卑鄙的人”的绰号，而他的部下则称他为“屠夫”。这显然不是个敬辞。因瘟疫而早逝的他，还遭到了部下开棺戮尸的折辱。

小庞培则完全不同。他那稚气未脱的外表、永远睁大的眼睛和似乎无尽的能量储备让他有着传染病般的感染力。那些曾经毁坏他父亲尸体的士兵也心甘情愿地追随他，而且由于他的眼前总有几缕金发在不羁地摇曳，很快就有人把他比作亚历山大大帝。

到此刻为止，庞培的整个生涯充斥着惊人的不法行为。根据罗马法律，一个人必须至少年满 40 岁，并达到副执政官（praetor，第二高阶的行政长官）的级别，才能担任军队指挥官。但庞培只不过 22 岁，且从未担任过任何政治职务。这位年轻的将军凭着相当的胆识，向极端保守的苏拉提出了申请，而苏拉此时正在推行维护传统的改革。庞培很幸运，他手握三个军团的事实弥补了一切。独裁官将这位急性子的年轻新秀纳入自己的麾下。他的任务是扫除苏拉在西西里和阿非利加的敌人。*

庞培太年轻了，对他这个年龄的将领而言，这项任务不仅繁重，而且危险。西西里岛和阿非利加是罗马的重要粮仓。如果丧失对它们的控制，苏拉的名望就会受到严重威胁。庞培很清楚，无数人的政治生涯都断送在飞涨的粮价上。这是他展现能力的舞台，而他充分把握了机会。

面对经验远胜于己的敌人，庞培的表现非常出色，而且以惊人的速度完成了使命。他仅用时一个月多一点，就席卷西西里岛，用残忍无情的手段摧毁了对手。他的士兵都把他称作“Adulescentulus Carnifex”，意为“儿童屠夫”。当某座陷落的城市根据某条古老的法律请求宽恕时，庞培给出了那句著名的回答：“对我们这些手执利刃的人而言，法律是什么？”†听闻者无不惊恐，但他道出的恐怕才是彼时的政治真相。

阿非利加屈服的速度更快。尽管庞培还忙里偷闲去猎杀狮子和大象，“以便让野兽也知晓罗马人的勇气与力量”，但他征服整个阿非利加行省只用了 40 天。此时的他还不到 24 岁。

---

* 独裁官苏拉还把继女许配给了庞培，以示对他的垂青。这引发了克拉苏的不满，相比这位年轻对手得到的无尽恩赐，他获得的奖励远没有那么丰厚，因此他总觉得自己受到轻视，并开始与庞培展开激烈的竞争。

† 这句话可以作为概括其一生的墓志铭。

惊人的大捷只会让庞培更加放肆。回到罗马后，他要求举行凯旋式，这差点让苏拉大发雷霆，甚至比 23 岁担任指挥官还要出格。凯旋式是古罗马将领所能获得的最高荣誉，是对其一生光辉成就的褒奖。* 接受凯旋式的将军会身穿象征朱庇特的猩红长袍，脸涂成红色，乘坐一辆四匹白马拉着的镀金战车穿过罗马的大街小巷。他的身后会有无数的敞篷货车，满载缴获的宝物以及最引人注目的俘虏。之后则是不可胜数的士兵，他们身着闪亮的军装，整齐地列队行进，以凸显罗马的实力与将军的人气。这一切可能会让将军得意忘形，因此仪式中还会安排一个奴隶站在他身边，庄严地低语："谨记，你只是一介凡人。"

把这样的殊荣颁给一位头发斑白的老将是一回事，颁给之前没有任何战绩的年轻新秀则是另一回事。苏拉不想被人抢了风头，拒绝了庞培的请求，并嘲弄地称他为"庞培大帝"（Pompeius Magnus）。†

但庞培可不会善罢甘休。抵达罗马后，他明确拒绝解散军队，并冷冷地告诉年迈的独裁官："人们崇拜的是初升朝阳，而非西沉落日。"苏拉曾因受到顶撞杀过不少人，即使那些人顶撞他的程度

---

* 罗马共和国前期最伟大的将领大西庇阿也只接受过一次凯旋式。

† 苏拉这么说显然是在讥讽他，但庞培却笑到了最后。他接受了这一头衔，并以这个名号为当今世人所铭记。

比这轻微得多。但庞培初生牛犊不怕虎，笃定时间站在自己这一边。由于不想冒内战的风险，苏拉让步了。

与庞培同一时代的人没有忘记这一成就。他成了罗马历史上唯一一个没有政治职务而接受凯旋式的人，而且此时他甚至还没有几根胡须。不过苏拉并没有完全被打败。这位精明的独裁者连续举行了三次凯旋式——他本人自然要享受第一次——而把庞培的安排在最后。这位后起之秀可以享受高光时刻，但之前两天的连续游行已经让城里的居民看了个够。

不出所料，庞培来之不易的凯旋式颇有几分闹剧的味道。为了引起人们的兴趣，他决定不用普通的马匹，而用四头非洲大象来拉车。不幸的是，他忘了事先看看大象能否通过大门。兴奋的人们聚集在一起，却看到慌乱的庞培试图解开大象的缰绳，把它们一个个推过去。最终，人们找到了几匹合适的马，队伍得以继续前进，但这显然不如庞培设想的那般成功。不过，对于一个至少还有 7 年才有资格成为最年轻执政官的人而言，凯旋式就是凯旋式。

当然，看着这一切的克拉苏，胸中的怒火正在熊熊燃烧。他知道，庞培正在成功地迈向罗马第一人的宝座，一念及此，这位少年得志者偶尔出丑给他带来的愉悦很快就烟消云散了。尽管克拉苏精心布局，财力雄厚，但他却落后得越来越多。毕竟就受欢迎程度而言，暗处的操偶师实在无法与光鲜的铠甲勇士相提并论。不过幸运的是，对克拉苏来说，一个赢得军事荣耀的良机即将出现。

第五章
奴隶起义

Chapter 5
Insurrection

人往往一厢情愿。

——恺撒

公元前 72 年，罗马在地中海的两端同时陷入战争。马略的最后一批死忠在西班牙发动叛乱，吸引了想要继续建功立业的庞培。另一方面，似乎永无休止的与米特拉达梯的战争的战火仍在亚细亚缓慢燃烧。由于队伍铺得太开，共和国在军事上有些捉襟见肘，就在此时，一位名叫斯巴达克的年轻角斗士逃出了训练场，发动了一场奴隶起义。

在罗马世界，角斗士学校正迅速成为最受欢迎的娱乐场所。之前两个世纪的稳步扩张，让共和国引入了三大洲的格斗风格，并为共和国繁忙的市场增添了大量的奴隶。许多奴隶曾有各种部队的服役经历，已经接受过一些基本的训练。他们的武技会在竞技场染血的沙地上得到终极考验。在一个奴隶制社会里，这种决斗无疑是一种难以抗拒的诱惑。

斯巴达克是一名天生的战士。他在色雷斯（Thrace，如今的马其顿东北部）长大，作为罗马军队的盟军士兵服役。某一次，他当了逃兵，却与他年轻的妻子一同被俘，并被立刻贬为奴隶，来到卡普阿（Capua，位于如今那不勒斯北部约 16 公里）的一个角斗士学校接受训练。

角斗士的生活并不愉快。卡普阿的囚犯被严加看管，受到学校主人的残忍对待。斯巴达克聪明且有文化，他说服了近 200 名奴隶同伴逃跑，但在计划完全付诸实施之前就遭到出卖。他意识到再不采取行动就要陷入危险，于是闯入了用餐区，用厨房器具武装了一起逃亡的同伴。在随后发生的混战中，许多拥护他的人被杀，只有不到 80 人逃到了附近的山脚下。在那里，他们砸烂脚镣，将其熔化后铸成武器——此举充满了象征意义。

角斗士们赢得了自由，但除非出现什么剧变，这种自由持续不了太久。他们没有食物和水，没有住所，除了活下去以外，没有明确的目标。镇压部队很快就会来临——实际上搜查队已经开始组建——一旦被俘，他们必定会受折磨，被斩断四肢，很可能还会被钉死在十字架上。他们匆匆组织了一次临时投票，将斯巴达克选为了领袖。*

他们的处境很快得到了改善。他们不但缴获了几辆运载角斗士武器和护具的马车，还驯服了足够数量的野马来组成骑兵队。这支全副武装的队伍转移到维苏威火山（Mt. Vesuvius）上，开始安营扎寨，修建防御工事。随后，斯巴达克率领他们轻松击败了当地组织的几支搜查队，并开始劫掠周边城镇。急需的物资得到不断补充，人力不足的问题也得到了有效解决。伴随着每一次胜利，逃亡的奴隶源源不断加入队伍。

起义军的壮大引起了罗马的注意。由于共和国的奴隶数量太多，无处不在，那些没有被迅速镇压的奴隶叛乱很容易失去控制。粮食短缺的问题已经让首都陷入紧张，而两场绵长的战争让罗马目前几乎没有可以自由调拨的部队。

对于恺撒这些年的行为，历史上记载很少，不过对于奴隶问题，

---

* 还有两名高卢的奴隶也当选为领袖，三人组成了一个领导集体。但斯巴达克很快成了唯一的话事人。

他的观点很可能与同阶级的其他人相近。尽管害怕奴隶起义，但他们并不认为奴隶是特别高效的士兵。据说，奴隶制度会让受到奴役的人堕落。勇敢、荣誉和无私等美德会遭到侵蚀，而残忍、贪婪和懒惰等恶习会日趋严重。期待奴隶勇猛善战，就像期待野兽具有同情心一样——这有悖于其本性。因此，奴隶军队的危险性远远不如外国的来犯之敌。它缺乏纪律性，只能凭借暴力勉强约束。这些暴徒可能狡猾又凶恶，但还称不上是战术或战略威胁。相关的论据比比皆是。罗马上一次严重的起义发生在30年前，而且毫不意外地被当地的守卫队镇压了。

元老院正式派遣那年当选的八位副执政官中的一员盖乌斯·克劳狄乌斯·格雷柏（Gaius Claudius Glaber）率领一支小规模的民兵队伍，前去铲除威胁。*格雷柏是个可靠的选择，他没有什么特别的荣誉，祖上也不显赫，因此元老院可以指望他循规蹈矩。别出现愚蠢的英雄主义或致命失误，只需要按部就班、有条不紊地展开战斗，就足以把罗马的敌人击垮。

起初，一切都按计划进行。斯巴达克的起义军刚一接触格雷柏那规模不大的3 000人队伍，便败下阵来。很快他们的大本营就被包围，身后是维苏威火山的悬崖峭壁。格雷柏设立了重重包围，希

* 副执政官属于高级行政官员，在两位执政官另有要事时，有权领导军队。

望用饥饿让对方屈服。

然而，斯巴达克拒绝接受这个剧本。他没有坐以待毙，而是从乡间采集葡萄藤，将它们编成简单的绳索，趁着夜色率队进入这座休眠火山，爬到另一边，然后溜到无人看守的罗马营地后方。天一亮，他就开始进攻，罗马军队几乎全军覆没。

罗马人拒绝从这次失败中吸取教训。他们轻易地把失败归结于倒霉的格雷柏能力有限，并派出了第二支民兵队。它遭受了同样的命运，这一次，执政官的扈从（lictor）——行政长官的保镖以及他们权威的象征——遭到生擒，被奴隶们游营示众。*

这种羞辱很巧妙，彰显了斯巴达克的宣传天赋。通过嘲讽罗马，他揭下了罗马威名的面纱。他的壮举以及他公平分配战利品的方式在这个夏天传得沸沸扬扬，投奔者纷至沓来。对罗马统治心怀不满的当地农民带来了他们的马匹，给起义军增加了骑兵的配置。每一次胜利，尤其是对罗马民兵队的胜利，都让他们更加相信自己可以反抗罗马。到了第二年，斯巴达克的部队已经从最初的 80 人扩充到了 7 万人。

罗马终于意识到了危险。作为军事保民官，恺撒支持派遣一支由 1 万名久经沙场的军团士兵组成的队伍，由两位执政官带队，肃

---

* 斯巴达克抓住第二支民兵队的司令官洗澡的间隙，发动了突袭。

清叛乱。他们向南行进，与斯巴达克的一位奴隶将领对峙，杀死了他并屠灭了2万名叛军。这次胜利证明了罗马人对奴隶军队的所有怀疑。尽管他们人数众多，但正规士兵很容易收拾这群乌合之众。执政官兵分两路，一支部队阻止斯巴达克向北逃跑，另一支则紧紧咬住叛军。

罗马人终于追上了斯巴达克，却受到了沉重打击。逃亡的奴隶们已经没有什么可以失去的，他们带着绝望背水一战。通过两次激烈的交锋，斯巴达克击败了两位执政官，明确地证明只要组织得当，奴隶也可以和军团士兵抗衡。

这次胜利震撼人心，斯巴达克以他典型的方式嘲讽了罗马当局。他为死去的奴隶将领举行了精心设计的葬礼，并强迫被俘虏的300名罗马士兵作为角斗士两两对决。他的部队现在装备精良，经验丰富，而且具有十足的信心。

两位执政官都打了败仗，这让罗马惊怒交加。必须再任命新的将军，尽管公众声势浩大，但无人主动请缨。原因一方面是恐惧，另一方面，则是镇压这支叛军要冒的风险似乎与回报并不匹配。即使大获全胜，击败奴隶军队似乎也很难给职业生涯增光添彩，而一旦失败，代价必然非常沉重。

这时，罗马最富有的公民克拉苏站了出来，他一眼就发现了这个机会。军事成就是他最稀缺的资源，借此他有机会赢得庞培那样的荣耀，乃至被誉为罗马的救世主。克拉苏宣布，他将粉碎叛乱，并精明地提出愿意承担训练和装备新军队的费用，以示爱国。感激的元老院欣然将指挥权交给了他，委派他率领六个军团共计约 4 万人南下。*

逼近的罗马军队只是斯巴达克面临的难题之一。讽刺的是，他对执政官的大胜反而削弱了他在军中的威信。击败罗马军团让奴隶们信心大增，服从单一的领导人似乎已经不是最受欢迎的选择，这可能就是起义军分权的开始。他们最初的计划似乎是逃往北方，化整为零，但现在掠夺似乎更有吸引力。于是起义军转向南方开始劫掠乡间，这或许并非斯巴达克的决定。

与此同时，克拉苏似乎并不急于和斯巴达克交锋。大多数人认为这出于他有条不紊的性格，但他在军事上也有不急于求成的充分理由。克拉苏已经有十多年没有指挥过军队了，如果他误入埋伏，或者更糟糕地，被斯巴达克以计取胜，那么他的声誉将遭到巨大的损害。最安全的做法是把奴隶军拖入阵地战，然后无情地摧垮他们。

不幸的是，部下开始质疑克拉苏作为一位将领的效率，他的威信打了折扣。士兵和军官们担心，一个过去 11 年里沉迷于积累财

---

* 这支军队里包括之前被斯巴达克击败的两个军团的残兵。

富的商人是否有足够的军事才能，让他们免于战死。这种疑虑情有可原。克拉苏实力强大，因此他们不会公然哗变，却偷偷达成了协议：一旦情况需要，经验丰富的军事家们就会单独行动。

这种貌合神离很快就体现出来。克拉苏安排一位名叫曼谬斯（Memmius）的军官率领两个军团，在主力部队扎营期间潜入奴隶军的后方。他严令曼谬斯不得交战，但曼谬斯把他的命令当作耳旁风，结果被打得大败。两个军团伤亡惨重，只能后撤与主力部队会合，未能取得任何战果。

克拉苏大为震怒，但他清醒地意识到失败的部分原因在于自己没有树立足够的权威。作为补救，他恢复了古老的十一抽杀律。战败的士兵被分成十人一组进行抽签，不幸的那一个将被其他九个人在全军面前活活打死。

这次处决的士兵大约在50人左右，但一传十、十传百，死亡数字就在谣言中被扩大到数千人。当这件事传到罗马时，人们已经普遍认为克拉苏把战败的人全部处死了。* 这个教训很严厉，但它营造了一种印象：克拉苏比敌人更加可怕。

无论士兵对克拉苏的规矩怎么看，至少它产生的效果是毋庸置

---

* 实际上，克拉苏以他典型的方式惩罚了每一个逃兵，即强迫他们为他们自己的装备支付定金，如果他们再次逃跑，装备将被没收。

疑的。当奴隶大军中的一支 1 万人的分队与罗马军遭遇时，他们很快遭到了一边倒的屠杀。感受到血腥的克拉苏开始乘胜追击。

斯巴达克知道时间已经所剩无多。他试图强行突破蚕食他们的罗马军团，但在一次和罗马军团的短暂接触后就灾难性地溃败，只能撤到意大利的最南端。在那里，他试图渡海到西西里岛，以补充部队人数。但由于奴隶们没有办法组建舰队，斯巴达克不得不与海盗达成协议，请求协助摆渡。不过，在接受了一大笔战利品的付款后，海盗们直接扬长而去，斯巴达克只能听天由命。

在奴隶们与海盗交涉并遭到出卖期间，克拉苏正忙着修建长达 32 英里 * 的阵地工事，以便把半岛的陆路彻底截断。斯巴达克迅速组织了强攻，试图突破防线，却伤亡惨重地败退下来。† 奴隶们开始惊慌失措，有人提议投降。为了坚定部下的决心，斯巴达克将一名罗马囚犯钉死在十字架上，让他痛苦地哀号了数个小时，却不给他解脱。这个警告起到了效果，如果奴隶们投降或战败，等待他们就是这样的命运。随后，斯巴达克开始试探罗马人的防线，用骚扰性的突袭来寻找薄弱点。

压力不仅在斯巴达克一方。虽然克拉苏出征不过五个月，但围

---

* 1 英里约等于 1.61 千米，本书均依此换算。——译者注

† 根据罗马历史学家阿庇安（Appian）的说法，斯巴达克损失了 1.2 万人，而罗马军仅有 3 人死亡，7 人受伤。

困的消息还是让罗马当局感到焦虑。这显然是一种耗时漫长的战术，官员们不想再等了。斯巴达克的叛乱已经持续了长达三年，如果克拉苏还不能速战速决，就需要加派人手。幸运的是，合适的人近在眼前。罗马最优秀的将领庞培正在从西班牙返回的路上。*

这对克拉苏而言真是糟糕至极。毫无疑问，热衷于攫取荣誉的庞培一旦到来，所有的功劳都会算到他的头上。更麻烦的是，斯巴达克展开了英雄般的绝地反击。凭借一批骑兵的增援和一场恰到好处的暴风雪，这位狡猾的角斗士突破了克拉苏的封锁。

克拉苏精心设计的胜利时刻正在转为一场噩梦。向北一路狂奔的奴隶军将正面撞上庞培，那些经验丰富的士兵可以轻易屠杀这群疲惫不堪的暴徒。胜利又要落入庞培的囊中，庞培那一长串的头衔即将增添新的光彩。

万幸的是，奴隶军不仅没有这么做，反而挥师向南与克拉苏对峙。这似乎并不是斯巴达克的决定。他很清楚他们面临的危险，对在战场上正面击败克拉苏不抱任何幻想。斯巴达克的计划似乎是设法绕过庞培的部队，越过阿尔卑斯山逃跑。然而，他的部下却不这么认为。庞培是一位久经考验的著名将领，麾下都是资深士兵。与

---

* 罗马历史学家普鲁塔克称，克拉苏本人曾要求把庞培从西班牙召回来协助他。如果这是真的——他试图把这个对手变成他的部下——那他很快就后悔了。

其承受他们的突袭，不如直面克拉苏。

战斗开始前，斯巴达克当着士兵的面刺死了他的马，表明他死战不退的决心。随后的战斗漫长而血腥，持续了大半天。斯巴达克在较早的时候就已阵亡，当时他试图强行接近克拉苏。他的尸体并未被发现。虽然有几千名叛军设法逃脱，但大部分人都战死沙场，另有大约 6 000 人被俘虏。奴隶起义就此告终。

克拉苏将 6 000 名俘虏全部钉死在十字架上，以强调这一事实。从起义爆发的卡普阿开始，沿着阿庇安古道（Via Appia）的主干道，每隔 40 码就有一个被钉在十字架上的奴隶在痛苦哀号，直到罗马。十字架遍布这 120 英里的路程，使用这条道路的商人和他们的随行奴隶既没有办法转移视线，也没有办法掩住耳朵。克拉苏任由尸体在十字架上腐烂，以提醒人们违抗罗马将遭到怎样的惩罚。

第六章
死　敌

Chapter 6
The Rivals

没有什么比暴徒更难以预测，没有什么比舆论更晦涩难明，没有什么比整个政治制度更具有欺骗性。

——西塞罗

克拉苏自然期待着作为英雄得到热烈欢迎，但结果却让他大倒胃口。罗马街头一片欢腾，但是众人交口相传的名字是庞培，而非克拉苏。庞培从西班牙返回的路上遇到了一群逃亡的奴隶，干脆利落地屠杀了他们。他立即给罗马写信，宣称克拉苏可能赢得了一次战斗，但他赢得了整场战争。感激的元老院当即宣布举办庆典，并为他举行凯旋式。与此同时，克拉苏不得不接受次一级的喝彩。这是个耻辱性的打击，它几乎让克拉苏当初参战的全部初衷付之东流。*

最让克拉苏憎恨的是，庞培不但没有因为抢了克拉苏的风头而表现出丝毫尴尬，而且坚决拒绝分享荣誉。这已经超出了惹人讨厌的范畴。克拉苏需要击败斯巴达克的战功，以确保自己在那一年当选为执政官。相反，庞培根本不需要这些，虽然他已经家喻户晓，但他只有35岁，还要十年才能获得竞选资格。因此，他的哗众取宠似乎是专门为了阻止克拉苏实现政治抱负。

不过，当这两位得胜的将领在罗马城外相遇时，庞培显然表现出了更加宏大的政治野心。人生第二次凯旋式，是连击败迦太基名将汉尼拔（Hannibal）的大西庇阿都无法享受的殊荣，却无法满足庞培的胃口。规则是用来约束小角色的，只有罗马共和国的最高职位才配得上他。庞培不怀好意地拒绝解散军队，并要求在接下来的选举中成为执政官。

这一要求引起了罗马内部的警惕。克拉苏和庞培都没有解散军队，而马略和苏拉带来的创伤还让人记忆犹新。两人的不和显而易

---

* 克拉苏谢绝了为他举办庆典的提议。他违心地表示，自己不愿意因为打败区区奴隶而享有如此殊荣。

见，支持哪一位当选执政官，再次成了难题。

令所有人感到欣慰的是，这种担忧原来没有必要。克拉苏和庞培私下会面，达成协议，愿意共同竞选执政官。几天后，紧张的对峙宣告结束，克拉苏首先解散了军队，并公开向庞培伸出手以示友好和支持。

从外部来看，两人似乎已经尽释前嫌。庞培的当选是必然结果，他是这个时代的英雄，但他在竞选中为两人都卖力拉票。有一次他表现过度，还提出了一个荒唐的说法：如果没有克拉苏作为同事，他甚至都不想当选执政官。两人在毫无对手的情况下顺利当选，并承诺将在上任后建立高效的合作伙伴关系。

人们希望这不仅仅是通常的政治姿态。执政官一职的分量足够沉重，曾经让当选者冷静下来，而且两人确实是一对有趣的组合。庞培很受民众欢迎，但元老院里的纯血贵族对他充满怀疑，且不乏嘲笑。他痛苦地意识到，他的年轻、他的卑微出身、他的粗俗举止，都被元老院作为笑柄在背后议论。在罗马，这位勇猛的将军变成了缺乏安全感的笨拙官员。他非常害怕自己出现令人尴尬的失礼，因此他请一位更有经验的朋友写了一张礼仪便笺，藏在他的长袍下面作为提醒。

另一方面，克拉苏不喜欢人群的喧嚣，但他有无可挑剔的贵族修养，早在孩提时就见惯了官场的各色交易。如果他们抛开自负，就能主宰罗马：克拉苏负责操纵元老院，而庞培负责让民众心旌摇曳。

可惜在幕后，两人的关系并不那么融洽。两位执政官一直在互相拆台，导致两人政绩平平。罗马这套制度在设计时旨在让国家能够缓缓前进，而非停滞下来。如果没有重大的成就可供吹嘘，联合执政就可能变成一场闹剧。克拉苏试图以一种伟大无私的虔诚姿态来挽回他不断下降的人气，他把自己巨大财富的十分之一捐给了赫拉克勒斯。由于他的善行中也包括向每个公民提供三个月的免费粮食和举办公共宴席，这还有一个额外的好处，那就是让宠培显得抠门吝啬。*

两人执政期间，发生的唯一一件大事就是对西西里总督轰动性的审判。被告名叫盖乌斯·维列斯（Gaius Verres），是臭名昭著的贪官。他对西西里无情盘剥，恶行累累，不仅抢劫庙宇，还威胁要把那些贿赂不足的人钉死在十字架上。他的任期一结束，愤怒的西西里人就起诉了他，并聘请了刚刚崭露头角的西塞罗为他们辩护。

马尔库斯·图利乌斯·西塞罗（Marcus Tullius Cicero）是一位

* 克拉苏此举未必纯粹出于政治考量。他似乎很重视宗教，很早就许愿要把收入的十分之一捐献给赫拉克勒斯。与大多数同僚不同，他婚姻幸福，私生活没有丑闻，而且是一位慈爱的父亲。

“新人”。他没有显赫的祖先，没有巨额的财富，也没有引人注目的职务。他习惯于被人看不起，却有着那一代人——乃至罗马历史上——最为深刻犀利的思想。他既是华丽的演说家，也是出色的律师，人们不惜从几十公里外赶来听他发言。他轻而易举地打赢了这场官司，开启了自己的政治生涯。*

在克拉苏、庞培和西塞罗抢占头条新闻的同时，恺撒正在暗处努力攀爬着低处的政治台阶。到目前为止，他虽然在职业生涯里展现出了勇气，但基本上还是循规蹈矩。如果说有什么特别之处，那就是他对自己堆积如山的债务漠不关心。政治游戏本身就非常昂贵，而恺撒为此丝毫不惜背负重债，仿佛财务问题根本不在他的考虑范围。不过，他做的是长远打算，如果举债能够获取权力，那就值得冒险。

当然，这种策略的麻烦之处在于他的家庭并不富裕。这些债务堆积到一定程度，会让他无力偿还。这方面的例子随处可见，罗马到处都是破落贵族。矛盾的是，恺撒参加的每一次选举都会使他的未来更加没有着落。

早期政治投资的回报相对较低，因此这种矛盾体现得尤为明显。

---

* 对方律师甚至没有坚持到宣判。看到西塞罗的致辞对在场所有人的影响后，他干脆放弃了辩护，并建议他的委托人逃走。

即使是一个小职位的选举，也要花费一大笔钱，而且在任期间履行许多职责都得自掏腰包。在成为较高级别的地方行政长官之前，这些成本几乎没有机会收回——但抵达那个位置的花费已经相当惊人。尽管罗马共和国的政府有着各种民主倾向，但官员实质上都来自巨富之家。

但游戏规则就是如此，而恺撒渴求权力。因此，他在公元前 69 年又贷了一笔款，并且有点讽刺的是，他被选为了财务官（quaestor）。这是个小官，他的任务包括监督国库，以及协助西班牙总督的工作。

尽管这项工作相当无趣，但这一年却成为恺撒政治生涯的转折点。首先，他第一次真诚地流露出自己的雄心壮志。一直在寻找相关逸事的普鲁塔克表示，造访西班牙的加的斯（Cadiz）时，恺撒偶然看到当地赫拉克勒斯神庙中的亚历山大大帝雕像，并明显感到失落。当被问及原因时，他回答说，在他这个年龄，亚历山大已经征服了世界，而他没有达成任何值得铭记的成就。*

然而，这一年之所以重要，真正原因在于恺撒出色地利用两场悲剧，为自己赢得了突出的声誉。其中一次打击来自他的私人生

* 亚历山大享年 33 岁，而恺撒当时已经 34 岁，比亚历山大还大一岁。正如一位评论家所言，两人在这个岁数背向而行。对亚历山大来说，这标志着生命的结束，而对恺撒来说，这是生命的开始。

活，他的妻子科妮莉娅逝世了。科妮莉娅是他年轻时的伴侣，与他携手走过了十余年时光，也是他唯一的婚生子女朱丽娅的母亲。她早逝的原因不得而知，最普遍的猜测是死于分娩。无论如何，几乎没什么观察家认为恺撒会悲痛欲绝。浪漫在贵族婚姻里可是十足的稀罕物，而且恺撒早就有花花公子的名声。但恺撒却颠覆传统，公开为科妮莉娅致悼词。这种仪式几乎只为老派人士或家族的族长举办。恺撒的致辞既令人震惊又真正触动了人心。至少在这一刻，他的形象被重塑为一位深情款款的丈夫。

但朱利乌斯家族更重大的损失，还是光辉不再的马略将军的遗孀、恺撒的姑姑朱丽娅的逝世。她是一位令人敬畏的女人，以其美德和对家庭的奉献广受好评，这使她在苏拉迫害最严重的时期也能够保住财富和地位。

恺撒潜藏的赌徒天性让他看到了其中的机会。他这种级别的官员举办的葬礼不仅是私人仪式。哀悼者的队伍将蜿蜒穿过城市，携带东西的除了祭品之外，还包括家族著名先辈的蜡制面部塑像。这既是展示家族血统的时刻，也是做出重要政治声明的良机。

马略已经死去近20年，却仍是一位极具争议的人物。即使不是现代意义上的民粹主义者，他也一直被视为元老院腐败的反对者，并在平民中深受欢迎。苏拉及其亲信竭力想改变这一点：马略的雕像很早以前就被统统拆除，民众即使在公开场合谈论马略也是一件危险的事情。所有人都在看恺撒打算如何做。

而他的做法轰动了全城。他藐视了禁令，冒着第二次逃亡的风险，将马略的蜡制面部塑像放在仪式队伍中显眼的位置，这是老将军去世后第一次有人胆敢这么做。

在恺撒的演说中，葬礼达到了高潮，这展现了他对时机的出色掌控力。他谦虚地炫耀说，他的姑姑既有王室血统，也是神的后裔。因此，她的家族被赋予了"国王的神圣"，并有权得到"神祇的尊崇"。当然，言外之意就是他也拥有同样的血脉。

总而言之，葬礼取得了巨大成功。他化悲痛为胜利的能力引起了人们的关注，尤其是克拉苏这样的人的关注。第二年，恺撒悄悄迎娶了苏拉的孙女庞培娅，以免那些认为他太激进的人过于恐惧，此举又一次证明了他的政治智慧。克拉苏被他吸引了。这个人了解世界的运作方式。联合执政官的身份让克拉苏相比庞培黯然失色，但这里有一位令人叹服的公众宠儿，可以用来夺回公众的注意，而恺撒深陷债务泥潭的事实只会对克拉苏更加有利。

然而，未来的十年只属于一个人。正如庞培很久以前所说，人们崇拜的是初升朝阳。无论乐意与否，克拉苏、恺撒和整个罗马都不得不学会在庞培的阴影下生活。

第七章

庞培时代

Chapter 7

The Age of Pompey

他似乎……俘虏了整个世界。

——普鲁塔克

公元前 67 年的庞培萎靡、沮丧、痛苦不堪。他的执政经历已经表明，罗马永远不会是他的归宿。元老院里到处都是笑里藏刀的恶毒豺狼。事实上，他们不过是无足轻重的平庸之辈，却经常对庞培冷嘲热讽。情况糟透了，他迫切希望脱身。庞培是个行动派，他需要新鲜的空气，需要部下听从他的号令，需要战场的荣耀。幸运的是，一场军事危机正等着他。

罗马世界一直饱受海盗困扰——朱利乌斯·恺撒可以证明这一点——但在公元前1世纪60年代，事情已经变得完全失控。罗马在东方与米特拉达梯的战争导致大量士兵流离失所，他们转而从事海盗活动，以此作为一种轻松的谋生方式。在文明与文明之间的缝隙中，总有一些地方可以藏身。由于没有任何有效的警察力量，罗马想要根除海盗几乎不可能。

古代被称为“山地西里西亚”（Rough Cilicia）的地区，即现在的土耳其南部海岸，形成了一个实质上的海盗王国的中心。在遍布地中海东部的洞穴、港湾和藏身处中，海盗们在确保自身安全之余，开始调动舰队并向外扩张。到公元前67年，他们已经控制了地中海沿岸400多个城镇，并肆无忌惮地袭击罗马船只。他们不再隐秘行事，反而耀武扬威，海盗船如今张扬地换上了镀金的桅杆、紫色的船帆和镀银的船桨。

海盗的富裕凸显了罗马的无能。罗马人碰不到海盗的衣角，海盗也深知这一点。他们几乎是丧心病狂地决心要羞辱共和国。一旦在囚犯中发现罗马公民，海盗们就会装作很害怕的样子，在囚犯脚下卑躬屈膝。在乞求宽恕之后，他们会给囚犯穿上长袍，邀请囚犯游泳回家，再把囚犯推下海。

没过多久，连亚平宁半岛都遭到了攻击。海盗们不满足于劫掠相对轻松的沿海目标，开始向内陆进发，洗劫富豪的避暑庄园。更糟的是，他们开始绑架罗马官员。当一位前执政官开始着手处理此事时，他的女儿、两位副执政官，乃至作为保镖的扈从，被海盗一网打尽。*最耻辱的是，罗马舰队本身也在停泊时遭到海盗袭击，港口被焚烧，舰队被摧毁，还有更多的人遭到劫持。

这是压垮罗马耐心的最后一根稻草，不仅是因为海盗造成的尴尬，还因为海盗活动严重影响了罗马的粮食供应。首都的大部分粮食都进口自西西里岛，随着海盗越发肆意妄为，粮食的价格开始稳步攀升。舰队被摧毁的同时，正好赶上国内发生饥荒，贵族们恐怕也要直面挨饿的风险。显然，必须采取一些措施了，海盗们现在引起了罗马的充分重视。

一位受雇于庞培的保民官献策，建议授予庞培特别权力来应对危机。这一提议合乎情理，但其中包含的授权范围令人窒息。庞培将被授予无限统治权，且统治范围不限于单个行省，而是囊括整个地中海及其岛屿，并向内陆延伸 50 英里。他的地位将超过任何一位政府官员、指挥官、元老，乃至执政官，这一权力将持续三年或直到危机结束——以先到者为准。此外，他还将主管罗马的粮食供

---

* 这位前执政官是未来的三巨头之一马克·安东尼的先祖。被绑架者的命运不得而知，但最有可能的结果是被卖为奴隶，因为海盗是地中海地区奴隶的主要供应方。到公元前 67 年，提洛岛（Delos）的奴隶市场上每天可以成交 1 万名以上的奴隶。

应，为期五年。

如此一来，庞培就能掌握在罗马和平时期史无前例的巨大权力。这一提案有效架空了法律，让庞培得以独裁。他可以控制首都的食物供应，借此控制城市的居民。这一提案给元老院带来的恐慌，恐怕就像人群的欢呼一般令庞培喜悦。

元老院试图阻止这项提案，但庞培的代理人现在已经把民众煽动起来，民众不想被人扫兴。* 双方都采取了暴力行为，但最终庞培得偿所愿。朱利乌斯·恺撒一如既往地看清了局势，是元老院里庞培的公开支持者之一。现在除了头衔，庞培已经是名副其实的国王，独自掌管着500艘战船，12.5万名士兵，并坐拥庞大的战争基金。他容光焕发、耀武扬威地离开了罗马。

现在，庞培必须兑现承诺。在他上任的第二天，粮价就因看好他获胜而下跌，这让他肩上的担子又重了几分。海盗是古代世界从未被解决的一大难题，他有三年时间来完成这个不可能的挑战。

幸运的是，庞培的能力完全适合应对这一危机。他不是深刻的思想家，也不是充满创意的战略家，却是出色的管理者。他把整个地中海划分为24小块，每块区域由一位副指挥官负责，并能得到

* 按照普鲁塔克的说法，某位保民官试图否决这一提议时，人群中发出了愤怒的咆哮，声音之响亮，甚至杀死了一只飞过的乌鸦。

沿海地区的步兵支持。按照他的话说，他要从地中海最西端开始，把舰队当作大扫帚，向东将海盗扫到指定的杀戮区。

40天后，他将海盗们逼到山地西里西亚，着手围攻他们的大本营。他没有等着饥饿击垮海盗，而是直接打进了堡垒，俘获了大约2万人、90艘船和大量战利品。通常情况下，被俘的海盗会被钉死在十字架上或被卖为奴隶。但庞培相当精明地将他们安置在小亚细亚和希腊的人口稀少地区。* 这对所有人而言都是出乎意料的好结果。许多强壮的男性俘虏都是因为贫困而落草为寇，给予他们土地，就解决了这个问题。因此，庞培的方案比起常用的恐吓手段能产生更为长久的效果。对庞培来说，更妙的是，这些新地主都是他庇护下的居民，这使他在地中海南岸又多了一块势力范围。†

心满意足的庞培宣布，他计划班师罗马并让渡这些非同寻常的权力，如此一来，群众的赞美定然不绝于耳。即使是最尖刻的政敌也不得不承认庞培这次的功绩超凡绝伦。他仅用不到三个月时间，就解决了一个困扰地中海世界几个世纪的难题，而且还没有滥用他那巨大的权力。

但庞培还不打算收手。这场战役令他热血沸腾，他不愿立刻回

---

* 他还在黑海边建立了一座城市——自然以他的名字命名为庞培波利斯（Pompeiopolis）——并将一些俘虏迁到那里。

† 在西班牙击败马略的支持者后，他也是这么做的。

到罗马的囚笼之中。海盗近年来之所以泛滥，原因之一在于他们与老恶棍米特拉达梯互相援助。彻底击败米特拉达梯，将成为庞培职业生涯中的最高荣耀。

毒王还在罗马周边制造麻烦，这一事实本身就堪称一个小奇迹。他正处于几十年来与罗马的第三次战争中。他以惹恼罗马为己任，虽然从未赢过，但每次都能以某种方式溜之大吉，且保住王国完好无损。

当时，已经有一位名叫里基尼乌斯·卢库勒斯（Licinius Lucullus）的将领在与米特拉达梯作战。但庞培轻易地解雇了他，并接过了指挥权。卢库勒斯愤怒地提出抗议，却无能为力。事实上，他的手下普遍更愿意追随鼓舞人心的庞培，这令他的情绪更加低落。对于在罗马旁观的恺撒而言，这也是一个他永远不会忘记的有益教训：士兵的忠诚度是一切的基础。

接管指挥权后，庞培迅速行动起来。他没有直接进攻米特拉达梯，而是把对方的盟友一个个拔除。* 不到三年，这个罗马的老对头就被逼得自尽。† 消息传到首都后，街道上挤满了支持庞培的游行民

* 米特拉达梯实力最强的盟友是他的女婿、统治旁边一个王国的提格兰（Tigranes）。提格兰有一个特点，如果没有至少四位替身国王在场，他绝不公开露面。米特拉达梯死后，为了保住王位，提格兰几乎立刻就向庞培投降了。

† 讽刺的是，毒王米特拉达梯试图服毒自杀，却多次失败，最终还是让贴身卫士杀死了自己。

众。元老院也深表感激，宣布举办连续十天的庆典活动。

然而，庞培还有一些事情要做。就像对待海盗一样，他希望有一劳永逸的解决方案，因此他决定自己提出议案，重组整个东部地区。这里的王国中有许多曾由亚历山大大帝建立，如今它们或是被抹除，或是臣服于罗马。庞培建立了新的行省，控制了他的臣民。他精简了官僚机构，组织了税收，还签订了贸易协议。*

把这些事情安排妥当后，庞培终于准备返程了。他很清楚，自己已经成为有史以来最伟大的罗马人。他在三块大陆上留下了自己的印记，这一成就甚至连亚历山大大帝都无法企及。他的家臣包括了之前的诸侯、国王，乃至整个行省的居民。

他从不认为谦虚是一种美德，但现在甚至连假装谦虚都没有必要了。他要以人中之神的姿态昂然回归。他签订了协议，建立了行省，吞并了领土，这一切他都没有假装与首都元老院的侏儒们商量。在他看来，罗马所犯的唯一错误是拒绝给他戴上王冠。

现在国王要回家了。

---

* 庞培造访犹太人的圣殿时，误入了其中圣所，并惊讶地发现里面基本是空的。但此举大大冒犯了犹太人，那本是高级祭司才能进入的地方。庞培留在当地的管理者是一位以东人，名叫安提帕特（Antipater）。他是耶稣基督诞生时统治犹太行省（Judea）的大希律（Herod the Great）之父。

第八章

喀提林

Chapter 8

Catiline

如果你必须违犯法律，目的只能是夺取权力。其他所有情况下，请遵守法律。

——恺撒

庞培在外东征西讨期间，朱利乌斯·恺撒一直在缓慢地提升自己的政治地位。公元前 66 年，他被任命为罗马最重要道路之一的维护官。*第二年，他又当选为市政官（Aedile），这个岗位主管罗马的市场、公共设施、官方庆祝活动等。两次选举都由克拉苏资助，

* 这条道路即前文提及的阿庇安古道，它至今仍在使用。

这对恺撒而言很是走运，因为他的财务状况已经敲响了警钟。

为了阻止庞培，克拉苏开始逐渐不顾一切，这次出资就是他的手段之一。自从对手离开罗马前去对付海盗，克拉苏就一直在谋划削减，或至少是限制他的权力。有一次，他甚至提议入侵罗马当时的盟友埃及，如此一来元老院就能对庞培不断增长的家臣势力进行制衡。然而，所有这些伎俩都失败了，看起来克拉苏越试图削弱他，庞培就越受欢迎。

于是，克拉苏调整策略，在元老院扶持自己的势力，在那里他可以把这项工作外包给其他有前途的年轻成员。恺撒就是理想人选，他有雄心壮志，且明显才华横溢，最重要的是，他还欠下了巨额债务。

市政官的工作包括维护公共设施，清洁道路和下水道，并确保城市的粮食供应——这些琐事很难让人热血沸腾。当然，恺撒还是想办法让这些工作也变得刺激起来。他以维护公共建筑为幌子，重建了所有被苏拉拆除的马略的雕像。这种容易引发争议的行为，被他聪明地包装成一种疗愈行为。他公开指出：马略和苏拉都是同一个共和国的公民。

然而，成为市政官的真正优势，在于他们拥有举办公共娱乐活动的职能。对此，国家提供了适度的津贴，不过如果想把活动办得有声有色、令人难忘，市政官就不得不自掏腰包。引人注目的活动将会带来好名声，并让市政官迅速得到提拔，而令人失望的活动可能会让其政治生涯偏离预定的轨迹。在实操层面，也就是说，每一位市政官都必须努力超过前任，都必须花费天文数字。

总是对自身债务漠不关心的恺撒开始全力应对这一挑战。他对罗马广场（the Forum）进行了改造，搭建了许多临时支架，连同广场周围的建筑，都用来展示他贵重的私人艺术收藏。他还收集来自三大洲的异兽，由于罗马没有永久性的斗兽场，他还临时修建了一个，用以展览这些动物。

最后，他还举办了一系列角斗士表演。这是非同寻常的附加活动，角斗士的对决一般都是葬礼才有的仪式。为了绕开这个限制，恺撒宣布这是为了悼念他近二十年前逝世的父亲。当然，他做事从不偷工减料，这个计划的阵势让元老院感到高度紧张。进城的角斗士太多了，以至于一些元老怀疑恺撒的真正计划究竟是什么。斯巴达克死去不过六年，城里这么多全副武装的男子，都听从一个人的控制，让他们内心警铃大作。在恺撒开始他的表演之前，元老院紧急通过了一项法案，限制了单次出场的角斗士的数量。

这项法案几乎没有起到效果。减少后的角斗士依旧有320人之多，他们在仪式上全部身穿银色盔甲，令观礼的民众赞叹不已，恺撒也成为当天的明星。

恺撒可能认为，通过举债来赢得民众的呼声是值得的，但他身边的人可不敢这么肯定。在开始第一次政治竞选之前，恺撒就已经欠下了 3 100 万塞斯特斯的债务，而这一大笔最新的支出又至少让债务翻了一番。*通往政治权力的道路就像一件金色的紧身衣。为了支付账单，并能不断借款，恺撒必须拥有政治前景，或至少看起来有，这才能让债主觉得有利可图，甘冒风险。而如此一来，恺撒自己就要承担更大的风险。两年后，恺撒开始竞选祭司长（Pontifex Maximus），这是古罗马宗教的首席神职人员。失败，意味着他和整个家庭会在政治和经济上万劫不复。选举的那天早上，他对母亲说，她将看到他以祭司长的身份回来——或者不会再回来了。

不止一个人因为债务问题而被无情地推向革命。塞尔吉乌斯·喀提林（Sergius Catiline）就是一个最典型的例子。在恺撒监督法庭工作期间，喀提林正因为腐败而遭到指控。与恺撒一样，喀提林也来自一个没落的古老家族。这个家族穷困潦倒，似乎已经到了衰败的边缘。不过，两人的对比到此为止。因为在内战中支持苏拉，喀提林交了好运。通过与这位独裁者的关系，他开始了飞黄腾

* 3 100 万塞斯特斯约等于 1 300 塔兰特。由于塞斯特斯是铜制的，这笔钱等同于 9.23 万磅的铜。

达之路。*然而，他有限的资源却不足以支持他的野心。他在非洲的一个小总督职位上，无所不用其极地采用非法手段榨取了巨额财富，似乎解决了他的财务问题，但是随之而来的敲诈指控旷日持久，又吞噬了他大部分的不义之财。†

仿佛这还不够，公元前 64 年，一个名叫加图的人当选财务官。他似乎以打击腐败为己任，致力于重塑共和国建立之初充满男子汉气概的古老美德。他坚持要挖出这些蛀虫，惩罚所有在苏拉的禁令中获利的人。

喀提林因谋杀罪被正式审判，他显然是有罪的。在苏拉接管罗马后的几天里，他杀死了自己的姐夫，然后将血淋淋的头颅挥舞着游街示众。最近，又有传言说他谋杀了自己的妻子和儿子，因为与他要好的一位情妇拒绝与育有小孩的有妇之夫发生关系。

不过，一个人有罪，并不意味着他会被判有罪。喀提林调动了他的剩余资源，施予人情，分发贿赂，做出许诺。最后，他被无罪释放，再一次挣脱束缚，对此，没有人太过惊讶。

这给恺撒带来了一个难题，他的工作是确保法庭的正常运作。

---

* 庞培、西塞罗和喀提林都曾经在苏拉的军队中服役。

† 讽刺的是，西塞罗当时提出为他辩护，但骄傲的他拒绝了。由于贪多求全，他的债务问题越发严重，也开始陷入越来越多的诡异阴谋。据说他某次还计划谋杀现任执政官，并任命自己为独裁官。

同年早些时候，他曾以同样的罪名对喀提林的叔叔进行宣判，毫无疑问，喀提林也应被定罪。不过，喀提林同样是克拉苏的门徒，而且人们认为他是欠债之王，反而让他有了些人气。让他获得自由，能够带来更多好处，于是恺撒维持了无罪释放的判决。

这是明智的政治选择，却带来了严重的影响。喀提林仍然背负着巨额债务，而摆脱这些债务的唯一机会就是当选执政官。他以激进的平民主义者的身份，参选了这次堪称近年来竞争最激烈的选举，并承诺当选后会将所有债务一笔勾销。这让他在穷人中大受欢迎，但大多数债权人都是元老会成员，因此他在贵族当中遭遇着几乎对等的冷遇。

由于贵族的抵制和他不光彩的名声，喀提林的执政官竞选失败了。而在他伤口上撒盐的是，他仅位列第三，排在一个无名小卒和西塞罗之后。而西塞罗祖上毫无名望，族谱里甚至连一个贵族都没有，是纯粹的“新人”。喀提林的政治希望破灭了。他无路可走，无路可逃，剩下的唯一选择就是推翻共和国。

恺撒不会鲁莽到加入喀提林，但他肯定多少有些同情。众所周知，他自己也债台高筑，花不了多少时间就会沦落到同样的境地。无论如何，许多处于类似困境的官员都在默默支持喀提林，他开始囤积武器，并在意大利各城镇寻找盟友。

为了消除疑虑，他继续参加元老院的会议，但事实证明这是一个代价高昂的错误。在他做好准备动手之前，他的情妇向西塞罗告密。随后，西塞罗发表了一系列激烈的演说，痛斥这位失宠的贵族。喀提林愤怒地为自己辩护，嘲笑元老院把信任放在西塞罗这样的平民身上。然而，就在当天晚上，喀提林逃到了待命的部队中，一路上还引人注目地穿上了执政官的长袍。

随着农村陷入火海的报告不断传来，罗马被一种紧张的情绪所笼罩。两位执政官都没有什么杰出的——甚至是合格的——军旅经历。朱利乌斯·恺撒认为应该把庞培从东方召回，应对这种局面。这既是对现任执政官的一种微妙的侮辱，也是讨好罗马世界最有权势者的一种巧妙方式。*这项措施被否决了，街上发生了骚乱。民众质问，为什么元老院不召回他们最伟大的将军？

恺撒巧妙地利用正在酝酿的危机，使自己成为焦点。但他作为庞培发言人的新身份几乎立刻就产生了事与愿违的效果。随着暴力事件的失控，咆哮着要求罢免庞培的抗议者开始显得比遥远的喀提林更具威胁。舆论开始转而反对庞培。一直是庞培最有力支持者的保民官失去了勇气，逃到了庞培那里，使整个事件看起来像一场未遂的政变。此时的恺撒看起来像个危险的叛乱者，元老院当即将他

* 我们不禁要问，他的赞助人克拉苏对此有何看法。

停职。意识到自己的错误后，他明智地接受了惩罚，平静地回到了自己的家中。第二天早上，一群愤怒的暴徒聚集在他的房子外面，打算用武力恢复他的职位。不过恺撒正确地判断了这个城市的情绪，让他们散去。他的克制给人留下了深刻印象，元老院迅速恢复了他的职务。法治战胜了群众的激情。庞培将留在东方。

西塞罗的时刻到了。元老院通过了紧急决议，授予西塞罗以他认为合适的方式处理危机的权力。第二天，他拿出罪证，逮捕了喀提林还留在城里的五名同谋。西塞罗利用得到的授权迅速行动，宣布他们有罪，并建议不经审判将他们判处死刑。

恺撒几乎是唯一提出异议的人。他呼吁仁慈——这可能是他终身惯于采用的模式——指出被告都是罗马公民。剥夺他们在审判中为自己辩护的权利，可能会在未来产生严重的后果。如果真的想惩罚罪人，为什么不考虑无期徒刑，让他们用一生的时间为自己的罪行付出代价？* 至少，为什么不等到激情冷却后再决定他们的命运？

他的陈词表现力十足，以至于元老院的大多数成员都改变了立场。看起来，宽大处理的意见占据了上风。然而，接下来发言的是西塞罗，他的话语灌注着其一贯的魔力。紧接着，执拗的财务官加

* 无期徒刑虽然在现代社会很常见，但在恺撒所处的时代却是一个新鲜的提议。

图又发表了振奋人心的演说。最后，元老院的投票以压倒性的优势支持死刑。

恺撒的求情展现出了相当的勇气。不止一位元老暗暗指出，恺撒曾与这位失宠的反叛者关系友好。在许多人看来，为一个在行动中被抓住的叛徒请求宽恕，似乎意味着默认自己的罪行。场上的情绪变得非常火爆，以至于一些年轻的元老和骑士拔出了剑，想要当场斩杀恺撒，幸亏西塞罗叫住了他们。接下来的几天里，恺撒被迫回避，直到紧张的局面稍稍降温。*

这次审判对恺撒最严重的影响，是为他树立了新的敌人。在辩论中，加图很快就赢得了“道德圣骑士”的名声，他无情地抨击恺撒。恺撒越是冷静地回应，加图就越是愤怒，越是侮辱他。在两人的交锋达到高潮时，恺撒的一个奴隶交给了他一张字条。加图怀疑这是与喀提林叛军的秘密通信，要求公开宣读它。恺撒的拒绝引发了周围元老们的高声抗议，加图也以胜利者的姿态再次提出要求。于是，恺撒平静地交出了字条，而加图惊恐地发现这是他自己的姐姐塞维利娅的一封情书，请求与恺撒幽会。从那一刻起，加图成了恺撒的终身敌人。†

---

* 克拉苏也被怀疑与喀提林的阴谋有关。但大多数人都足够聪明，把这个想法留在心底。某个火暴性子的人公开指责克拉苏，声音却被盖了过去。几天后，这个人被悄悄地谋杀了。

† 这两个家族将继续纠缠在一起。塞维利娅的儿子是布鲁图，他是最著名的恺撒刺杀者。

不过，恺撒承担为喀提林求情的风险，对他而言是值得的。暴民们喜欢喀提林——或者至少喜欢他的免债理念，而恺撒已经尽可能地表示同情了。他亮明了身份，自己仍然是元老院中的平民支持者。

对所有人而言，幸运的是，喀提林的叛乱几乎在开始之前就消失了。他的部队装备不足，组织也很混乱，面对西塞罗的快速行动吓破了胆。阴谋被揭穿后，三分之二的人干脆当了逃兵，而那些留下来的则完全无法与军团抗衡。

战斗短暂而血腥。正如一位作家所记载，喀提林是第一批阵亡的人，远远早于他的部下。在罗马，西塞罗被誉为共和国的拯救者。在火炬的伴随下，他穿过城市，并被感激的同僚授予了“祖国之父”（Pater Patriae）的头衔。

这种赞誉完全冲昏了西塞罗的头脑。他写了一首关于自己的长诗，并不遗余力地提醒大家他的勇敢和果断。*而他的许多政敌则予以反驳，并指出他曾非法处决罗马公民。从那之后，他就一直受到起诉和流放的威胁——这对其原本大获成功的执政生涯而言是一个奇怪的结局。

西塞罗的命运在罗马实属典型，这也是对恺撒的一个警告。在

---

* 即使西塞罗的死敌也不得不承认他是一位出色的演说家和作家。另一方面，他的诗歌却被普遍认为糟到极点。因此也许是万幸，他这首致敬自己的诗没有流传下来。

争权夺利的过程中，唯一能使所有人团结起来的，是对那些爬得太快或太高的人的嫉妒。在这些雄心勃勃的人变成威胁之前，必须对他们进行打压。导致的结果就是罗马成了一座丑恶侏儒的城市，永远都在为了地位争斗不休。这里就是一个粪池，道德在其中腐烂，丑闻在其中滋生，团结和秩序荡然无存。没有任何改善，没有任何作为，唯一的变化似乎就是变得更糟。这座城市急需一位救世主。

在恺撒的眼里，摆脱无休止的争吵循环的唯一希望，就是追随马略和苏拉的脚步。他们都曾在国外赢得赫赫战功，从而声名大噪，之后回到罗马，将自己的意志贯彻到底。

现在，历史似乎准备重演。公元前 63 年逐渐来到尾声，恺撒也正忙着筹划自己的下一步行动。与此同时，东方传来消息，庞培已经踏上归途。一位新的苏拉即将到来。

第九章

王者归来

Chapter 9

The Return of the King

闪电击中的总是最高的那棵树。

——希罗多德

对于庞培的回归，恺撒有充分的理由感到矛盾。他的债务日益增加，唯一能让他的债主不为所动的，是他在仕途上步步高升的潜力。即使庞培决定不成为独裁官——实际上没有什么能阻止他——光是他在罗马的存在，就足以吸走所有的养分。想要提拔只能通过他的青睐，如果他不喜欢恺撒，或者更糟糕的，把恺撒视为威胁，那么恺撒的职业生涯很大程度上就到此为止了。*

这就更令人沮丧了，因为这一年恺撒的政治生涯刚刚开始腾飞。他在当选祭司长前，曾有过激烈的竞争，但最终却赢得了压倒性的胜利。新工作带来了丰厚的薪水，更重要的是，让他在城市中心有了一栋大房子。他之前一直住在罗马较为贫困的过气街区苏布拉（Suburra）。当然，恺撒已经很好地利用了这一点，但如今他已经树立了平民代言人的形象，没必要再住在那种地方了。他的新家位于罗马广场的东端，靠近城市的政治中心。

恺撒现在已经是国教的首席神职人员，某种程度上说这很奇怪。他私下里对神灵持怀疑态度，而且很少公开祈求神助，只说自己受到了运气的眷顾。在现代的我们看来，这句话多少有些负面含义——仿佛他没什么才华，只是单纯运气好，不过在那时候并非如此。他指的是自己受到了命运女神福尔图娜（Fortuna）的宠爱，更经常得到她的垂青，而非心血来潮的戏弄。但他也认为机遇必须通过努力工作来实现。命运可能会带来机会，但能否在恰当时机把握机会则取决于自己。正如他对他的士兵所说："如果事情不尽如人意，我们必须通过自己的努力来帮助命运。"

另一方面，这也是重要的一年，尽管恺撒当时肯定还不知情。

---

* 而恺撒是个臭名昭著的好色之徒，他利用庞培不在的机会，与他的妻子发生了关系。

他的外甥女阿提娅（Atia）生下了一个男孩，作为家族之长，他来到了罗马南部的这个小镇，亲自向她表示祝贺。在那里，他第一次见到自己这位甥外孙盖乌斯·屋大维（Gaius Octavius），即未来的罗马皇帝奥古斯都（Augustus）。

和整个罗马一样，恺撒也在为庞培的回归做着准备，而这位得胜的将军也没有让人失望。凯旋式的本质是震慑民众，而庞培正好想要大大炫耀一番。为了这一刻，他已经筹备了好几个月，甚至某种程度上说，他在东方待的每一天都在思考这个问题。此时的他是共和国最富有的人，甚至连克拉苏也相形见绌，而他为了这次炫耀，调动了所有的资源。*

凯旋式上有所有常见的亮点——吃不完的食物和酒、堆积如山的金银战利品、望不到头的俘虏队伍，以及铠甲反射着光芒的军队。一些士兵举着巨大的标语牌，上面刻着庞培征服的国家名字，另一些士兵则展示他的成就清单：消灭了 1 200 万敌人，攻克了 1 000 座防御工事，夺取了 900 座城市和 800 艘海盗船，并建造了至少 39 座城市。还有一些士兵则带着巨大的画作，其中描绘了庞培在各种战争中的关键表现，或是大幅海报，其中宣扬着每个士兵

* 他从东方带回的财富几乎无法估量。有些人估计光是黄金就有 4 万塔兰特。因为他，当年整个罗马共和国的年收入达到了之前的三倍。

获得的战利品——价值超过他们十年的薪水。异国的珍奇动物、地位尊崇的俘虏和数不胜数的财宝实在太多，以至于花了整整两天才展示完。*

凯旋式的最终好戏精心安排在庞培45岁生日这天，一大队马匹拉着完全由珍珠制成的巨大庞培半身像驶入城里，它的后面是一辆镶满宝石的战车，上面端坐着伟大的庞培本人。按照传统，接受凯旋式的将军要身着绣有金线的紫色长袍，但庞培却穿了一件曾经属于亚历山大大帝的鲜红色袍子。†

其中蕴含的信息不言而喻。仍然满头金发的庞培就是新的亚历山大。他在世界的三个大洲都取得了胜利，从东方归来的他已经不再是个凡人。正如作家普鲁塔克所说："他似乎……俘虏了整个世界。"

接下来的事情让所有人都感到害怕。庞培麾下有近4.5万名士兵，还有无限的财富。无论是罗马还是其他任何地方，都没有人有足够的实力与他对抗。钉靴的声音仍然响彻大街小巷，但是没有人胆敢冒犯地质疑。庞培是否会顺从地解散军队，放弃所有这些巨大的权力，过上罗马公民的平凡生活？还是说，东方的经历让他对君

---

* 庞培的俘虏中包括一些王子、公主、王后，以及两位国王，都穿着他们的民族服装。

† 庞培在米特拉达梯自杀后，从他的遗物中找到了这件私人藏品。

主制有了兴趣？

参照不久前的历史，答案则显而易见。苏拉以武力进入罗马时，权力比庞培现在小得多。庞培对首都的看法是公开的秘密。元老院对他的某个提议表示反对后，他的一位下属阴暗地写道：“元老院是什么东西，竟敢阻拦驯服世界的人？”

庞培已经很清楚地表明了他的要求：正式批准他对东方的处置方案，以及更重要的，给他的老兵们分配土地。只需稍稍展示武力，这两件事都很容易办到。但庞培却出人意料地解散了军队，安静地回到了元老院。

这个姿态堪称宽宏大量，庞培的名声如此显赫，已经没必要再用上不了台面的诡计。整座城市的命运都取决于他的言语甚至手势。连元老院都急于讨好他，他还需要大动干戈吗？

对庞培而言，不幸的是，他在两个方面严重失算了。第一，他认为自己受到尊重是因为其他因素，而非他掌控的九个军团。第二，他高估了自己的政治能力。

每一个罗马人，只要飞得足够高，终有一天会被剪掉翅膀。只有苏拉是个例外，他还没有遭遇这一共同的命运就已死去。这就是政治中至关重要的不成文规则：伟大令人崇尚，但过度伟大则会令人憎恨。正如希腊人所说：“闪电击中的总是最高的那棵树。”没有谁可以凌驾于整个罗马之上。

甚至在庞培回到首都之前，一个反庞培的团体就已经形成。当然，其中的主要角色包括他的老对手克拉苏，但团体中真正的领袖是小加图——年轻的马尔库斯·波尔基乌斯·加图（Marcus Porcius Cato）。

在现代人的眼里，共和国衰落时期的所有人物中，加图是最奇怪的那个。他像骡子一样固执，完全没有魅力，厌恶妥协，在他身上甚至感觉不到一丝一毫的温暖。然而，正是这些特点，让他得到了罗马人的喜爱。他廉洁无私、诚实坦率，意志力与恺撒一样坚定。与他同时代的人，把他绝不妥协的立场看作远古时期的遗赠，对他既敬畏又恐惧。* 他可谓是令罗马得以主宰古典世界的传统价值观的代言人。

罗马政府在规划时，留有很多便利的办法来阻挠元老院不赞成的行动，庞培的政敌为了挫败他，充分利用了所有的手段。他对东方的处理方案被一拖再拖，迟迟得不到通过，而更迫切的安置退伍老兵的土地要求也无法得到落实。庞培在战场上如此自信，但在政治上似乎完全迷失了方向。伴随着挫败感，他逐渐意识到解散部队

---

* 他的曾祖父老加图就曾因其美德而闻名，特别是在面对东方希腊的腐化影响时坚持纯正的罗马价值观。

是个错误。元老也许会为他放下武器而喝彩，但并不会因此给予庞培他迫切渴望的尊重，而是正好相反。没有了士兵，庞培只是另一个退役的将军。他带来的恐惧已经消散了大半，对他愿望的尊重也是如此。在非洲时，年轻气盛的他曾调侃道："对我们这些手执利刃的人而言，法律是什么？"这是他提出的问题，而他的回答是正面攻击，冲破障碍。但是，失去利刃的庞培又是什么呢？

庞培遭遇的挫折，对恺撒而言是天赐良机。政治舞台上人满为患，庞培的黯淡让其他人有了发光的机会。借助一场轰动一时的审判，恺撒让自己的名字挂在了每个人的嘴边，完全吸引了罗马的注意。

恺撒是个著名的好色之徒。据传闻，他的征服者名单中包括罗马城里许多著名人物的妻子，他的魅力和智慧令她们无法抗拒。庞培和克拉苏似乎都没有反对恺撒勾引他们的妻子，但对其他人而言，这无异于在伤口上撒盐。因此，当这次丑闻涉及恺撒的妻子庞培娅时，人们尤其津津乐道。毕竟，此一时，彼一时。

作为祭司长，恺撒的住所要用于举办慈爱女神玻娜·得亚（Bona Dea）的庆典仪式。这一仪式庄严肃穆，仅限女性参加，通常在5月和12月举行。由于所有的男性和动物都不得入内，恺撒当晚离开了，留下妻子庞培娅和母亲奥丽莉亚主持活动。

他的缺席给一个名叫普布利乌斯·克洛狄乌斯·普尔喀（Publius Clodius Pulcher）的放荡贵族提供了一个勾引庞培娅的完美机会。克洛狄乌斯深受平民拥护，历来喜欢胡作非为。他来自罗马最古老的家族：克劳狄家族。* 这一家族以善变和迷人著称，他是家族一个旁支里最小的儿子。克洛狄乌斯充分继承了家族的特征，样貌出众、富有魅力，而且完全不讲原则。

克洛狄乌斯的计划并不精妙。这是一个只有女性出席的场合，所以他穿上女人的衣服，拿起一把琉特琴就直接穿过了敞开的前门。不幸的是，他在寻找庞培娅时迷失了方向，并几乎立刻就被发现。场面一片混乱，他借机冲到外面，那些尖叫的女人紧追不舍。

这一拙劣的冒充成功地冒犯了罗马几乎所有清醒的人。在罗马漫长的历史上，玻娜·得亚的庆典仪式从未被亵渎。恺撒立即与庞培娅离婚，而迟钝地意识到自己做得太过火的克洛狄乌斯以亵渎神明罪遭到审判。克洛狄乌斯荒谬地辩称自己事发当天不在罗马，被那天正好见过他的西塞罗轻易揭穿。西塞罗的证词让被告人彻底没有了翻身的余地，克洛狄乌斯之后从未原谅过他。

---

* 他出生时的名字是普布利乌斯·克劳狄乌斯（Publius Claudius），后来为了政治噱头，改名为平民更常用的克洛狄乌斯（Clodius）。由于他在历史上以克洛狄乌斯的名字为人所知，所以作者在本书中仅以后面这个名字指代他。

恺撒被传唤为证人，但拒绝做证，声称他不知道克洛狄乌斯是否有罪。当被问及为什么要与妻子离婚时，他给出了著名的回答："因为恺撒之妻不容怀疑。"

这句话说服力十足，是恺撒强烈追求名誉的又一例证。也许他真的是这样想的，又或者这只是一个摆脱婚姻的方便借口。与庞培娅的结合纯粹出于政治考虑，她来自一个稳定的保守派家庭，那时恺撒正试图让保守派安心，但这一家族缺乏他在事业上更进一步所需的人脉。无论如何，克洛狄乌斯仍然是平民的宠儿，恺撒不希望因为做证站到他们的对立面。和往常一样，他的政治直觉再次判断正确。克洛狄乌斯家境优渥，足以确保无罪判决，他还通过这次审判小小地增加了名气。*

在判决正式宣布时，恺撒已经离开了罗马。他的负债终于有了回报。这一次，他被任命为行省的总督，开始计划启程前往西班牙。不过，与其他行省相比，这一行省相对贫穷，因此恺撒要还清债务恐怕还得花很多年。他的债主开始担心了。

克拉苏总是渴望让有抱负的人欠下他的债，这次他又拯救了恺撒，给他提供了大量无息贷款，暂时填饱了债主的胃口。† 现在最重

---

* 为了既不触怒平民，也不惹恼贵族，许多陪审员做了个聪明的决定，涂抹了他们的判决书，让其完全无法辨认。他们因笔迹混乱而免于被处以私刑。

† 据普鲁塔克说，这笔贷款大约有 5.9 万磅黄金。

鲁本斯创作的恺撒肖像（Peter Paul Rubens，创作于1625年左右）

前三巨头同盟

恺撒雕像

（创作于公元前44年—前30年，现收藏于梵蒂冈博物馆）

克拉苏雕像

（创作于约公元前1世纪中期，现收藏于巴黎大皇宫）

庞培雕像

（创作于奥古斯都时代，现收藏于威尼斯国家考古博物馆）

高卢人领袖维钦托利将自己的武器扔到恺撒脚下，表示投降（Lionel Royer,1899）

恺撒的一次凯旋式（Topham Frank William Warwick,1838）

恺撒越过卢比孔河（Adolphe Yvon,1875）

庞培在逃往埃及的船上被刺杀（Rijksmuseum，创作于1633年左右）

克娄巴特拉让人把自己裹在毯子中，觐见恺撒（Jean-Léon Gérôme,1866）

恺撒为克娄巴特拉加冕（Pietro da Cortona，创作于1637年左右）

刺杀恺撒（Karl von Piloty, 1865）

恺撒之死（Jean-Léon Gérôme,1867）

马克·安东尼在恺撒的葬礼上向罗马人民展示恺撒的血衣［爱德华·埃利斯和查尔斯·霍恩所著《伟大民族的故事》（*The Story of the Greatest Nations*）中的一幅插画，出版于1900年］

克娄巴特拉向屋大维展示恺撒的雕像（Pompeo Batoni，创作于18世纪）

要的事就是到西班牙去。一旦到了那里，他的未来将掌握在自己手中，失败还是成功再不受他人左右。在任命正式下达前，他就已经出发，这种罕见的失礼也表明了他有多么迫不及待。攸关未来前途，他容不得任何推迟或中断。

第十章
战神之魂

Chapter 10

The Ghost of Alexander

如果不是在一种历史感下与前辈的人生交织在一起，人这一生是为了什么呢？

——西塞罗

穿越阿尔卑斯山的恺撒还称不上一个大人物。他当然充满自信，但还从未指挥过军队，而且坦率地说，人们普遍认为他还只是个漂亮的男孩。关于他轻浮行为的故事流传甚广。他曾经委托别人在乡下建造一栋别墅，然后马上又把它拆了，因为它不符合他那毫不妥协的标准。不可否认，他有时尚感，也有魅力，他可以穿上最新款式的时装发表演讲——但战场却是完全不同的事物。[*]

在去西班牙的路上，为了装饰帐篷，恺撒还特意带上了镶嵌地板，从哪一方面来看，他都是一个讲究的贵族。但一旦到了那里，他也可以在马鞍上就餐，无视寒冷和潮湿，并与部下分享一切。他既像一个遥不可及的人物，又给人普通人的感觉。这就是恺撒的矛盾之处。他的敌人知道他是一个挥金如土、不顾后果的人，并自我安慰地认为恺撒一旦钱花光了，人气也就消失了，换句话说，他是一个容易被轻视的人。[†]

唯一看透了恺撒真面目的，只有西塞罗。也许因为他自己是个局外人，所以他发现恺撒身上有一些令人恐惧的东西。他写道：“我害怕他，就像人们害怕大海的微笑一样。”

西班牙很快就会发现，这些害怕是有根据的，即使不是每个人都关注到了。恺撒深藏不露。苏拉曾把他形容为“穿着宽松衣服的花花公子”，但出乎所有人意料，他原来是个天生的将军。

恺撒抵达时，伊比利亚半岛还是块不法之地。它曾被几场战争

* 不过观察敏锐的人会注意到，他的轻浮生活只是表象而非事实。他周围酒鬼很多，但他几乎不放纵自己。正如加图后来所写的：“他是唯一试图推翻共和国的清醒人物。”

† 局内人往往分辨不出革命分子，因为他们身处局内。历史上有很多政治人脉宽广的专家都出现了误判，把狼放进了门。例如，西耶斯（Sieyes）认为他可以控制拿破仑，冯・巴本（von Papen）想利用希特勒，等等。

蹂躏，最近的一场战争由庞培在十年前终结，留下的创伤依然可见。*抢劫几乎成了当地的一种生活方式，在这样的环境下，别说繁荣发展，连维持稳定都不可能做到。

为这块混乱的地区带来秩序，正是恺撒希望在行政和军事上达成的任务。他采取的第一项举措就是从友好的当地部落招募人手，把驻军的规模扩大一倍。随后，他开始发动攻势，无情地打击敌对部落，并尽力诱使中立部落出来反抗。他之后职业生涯的所有标志性特征都在此刻得到展现：令人胆寒的速度、强大的适应力和对胜利的无情利用。为了避免被伏击，他不走明显的大路，而是奇兵迭出，让敌人晕头转向。在一次特别令人难忘的行动中，他让部下搭乘有桨的战船突击，当地人从未见过这种船，一个部落失去了作战的勇气，几乎立刻就屈服了。

他在战争中令人畏惧的程度，与他在和平时期慷慨大方的程度可以相比。和庞培一样，他乐于把战败的对手转化为社区中具有生产力的纳税人。平定整个行省后，他重组了民政管理部门，在当地的争端中担任法官，并取缔了一些残酷的做法，其中包括人祭。

当然，担任地方总督的重要优势——有人会说是全部优势——在于致富，而恺撒以其惯有的热情对待这一任务。他收取保护费，

* 西塞罗明确地把庞培在西班牙最近的战争描述成一场“混乱的大屠杀”。

侵吞掠夺物，并以在城市投降后将其洗劫一空而闻名。*

这个行省太贫穷了，很难有惊人的收获，不过这一年的回报至少足以减轻他的债务，证明他有资格获得更多贷款。有几个理由足以让他对自己作为军事总督的首秀感到满意。其中最主要的一点是，他的部队已经以“凯旋将军”（Imperator）的名义向他致敬，这种认可让他有权在回到罗马后要求举行凯旋式，而且几乎可以保证他当选为执政官。尽管庞培举行过三次凯旋式，但这依然是一种殊荣，是一个贵族可以获得的最高荣誉，而且只授予极少数的将军。这些华丽的庆典将他们的英雄变成了有传奇色彩的人物，还能让这些英雄的声誉锦上添花。恺撒的名字将挂在每个人的嘴边。

唯一的潜在问题关乎礼仪。安排一场盛大又得体的凯旋式需要几个月时间，但距离选举只有不到几周了。恺撒必须去罗马广场正式宣布他参选执政官，之后才能开始策划凯旋式。

但这比看起来困难许多。作为一名备战状态的军事指挥官，恺撒被严格禁止进入罗马。如果他在任期结束前越过“城址”（pomerium）——据说是由罗慕路斯亲自划定的神圣的罗马边界——他的军事指挥权就会被自动取消，同时他也就无权接受凯旋式了。

* 至少在他的敌人看来是这样。政治的常态便是如此。恺撒本人曾以腐败为由起诉总督，但他在收受贿赂方面却毫不手软。

恺撒的解决方案是提议由一名代理人宣布自己参选执政官，同时他自己准备凯旋式的流程。为此，他向元老院发出一封信，要求正式获得选举法的豁免。

这封信遭到了广泛的反对。恺撒在军事上的成功令人不安，没有人希望再亲手塑造另一个庞培——而这是一个削弱他影响力的完美时机。他们对于向那些认为自己不必遵守规则的人网开一面已经受够了。加图像往常一样，率先发难。征求他的意见时，他滔滔不绝，一直说到太阳下山，有效阻挠了恺撒的提议。

对加图而言，这是个值得回味的时刻。他本人厌恶恺撒，而他同母异父的姐姐塞维利娅与恺撒有染的事实，只会让胜利更加甜蜜。通过拒绝这个提议，他让恺撒陷入两难：为了不确定的选举而永远放弃凯旋式，或是让他的政治生涯至少推迟一年。

加图很可能也是想为自己的候选人扫清道路。他的女婿比布卢斯正计划竞选执政官。如果恺撒不参选，比布卢斯的机会将大大增加。然而，对加图而言不幸的是，他严重地误判了恺撒。恺撒不像庞培那样渴望受到大众欢迎，尤其是如果这要以牺牲权力为代价时。*

---

* 当庞培申请第三次凯旋式时，加图也曾强迫他做出同样的选择。自然而然地，庞培选择了凯旋式。

恺撒甚至没有任何犹豫就辞去了他的职务，立即穿越城址，进入罗马。失去凯旋式让他难过，但前方还有更大的机遇，而且留给他的时间不多了。离选举只剩几周时间，他必须获得推荐，拉拢可能的选民，并组织竞选活动。

像罗马的其他事物一样，政治也与战争交织在一起。很少有人能在这两个领域都有真正的天赋，战场上所需要的技能与元老院大厅里所需要的截然不同。像庞培这样在一个领域表现出色，在另一个领域却很悲惨的情况，并非例外，而是常态。然而，恺撒却似乎以一种不可思议的方式在这两者之间自如切换，他的直觉很少误导他。

这一点在罗马堪称利器。在这个国家，军事在社会上地位超然。罗马人坚信自己是战神的后裔，即使是他们选举的方式，也是在纪念战乱的过去。选举日当天，公民们会聚集在训练军队的战神广场（Campus Martius）上。在那里，临时设立了俗称“羊圈”的木制投票站。* 在附近的贾尼科洛山（Janiculum）上会升起一面红旗，示意一切正常。即将离任的执政官会进行祈祷，随后投票正式开始。

投票过程有着严格的秩序。所有成年男性公民根据他们在上一次人口普查中拥有的财产多少，被划分为不同的“阶层”，这些

* 这个词的拉丁语叫“*ovile*”，本意也是“羊圈”。

“阶层”又被进一步细分为“百人团”（centuries）——这一称谓本身就表明了其军事渊源，最终再按年龄进一步排列。* 每个百人团从候选人名单中选择两个名字，投下他们的选票，然后进行统计并宣布获胜者。最关键的是，第一阶层的人最先投票，而且结果是公开的。由于后来的阶层几乎总是跟随第一阶层的领导，因此贿赂的效果非常好。所有团体中都会有些人具有公认的影响力，可以动摇自己的同僚。贿赂的诀窍就是找到那些愿意利用影响力换取资金的人，然后给他们送上比竞争对手更多的钱。†

由此可见，竞选的成本非常高昂，所以恺撒提议与富有的元老卢修斯·卢塞乌斯（Lucius Lucceius）联合参选。恺撒负责提供人气和行贿信息，卢塞乌斯则保障资金供应。善于写信的恺撒展开了一场魅力攻势。据历史学家苏维托尼乌斯（Suetonius）所说，恺撒可以同时口述七封日常信件，如果话题较为重要，则可以同时口述两封。他向元老院的大多数重量级人物发起了游说。‡

争取元老总是有些难度。由于加图和他的派系里绝大多数人都

---

* 在恺撒的时代，有资格投票的选民超过 90 万人。不过由于整个过程必须在日落前完成，他们当中绝大多数人都不可能参加。当然，究竟有多少人参加了，我们无从得知，不过普遍认为在 3 万到 7 万人之间。

† 贿赂不一定要预付。之前，庞培就只是告诉每个人，第二天去领取酬劳。结果次日一大群人聚集在他的花园里领赏，这一丑闻在整个罗马城传得沸沸扬扬。

‡ 他对信件的使用在当时可谓新颖。他甚至可能也是通过信件与妻子庞培娅离婚的。

支持他女婿比布卢斯，恺撒不太可能在元老院得到太多支持。但最后证明，他并不需要元老院。结果统计出来后人们发现，恺撒轻易就获得了最多人的支持，比布卢斯排在第二，可怜的卢塞乌斯则名列第三。

恺撒放弃凯旋式是值得的，他当选了执政官。接下来的问题是他要做什么。

如果加图插手的话，答案将是什么都做不了。在任期正式开始之前，按照惯例，元老院会给执政官分配一个行省的总督职位，他们将在执政结束后管理该行省。而加图为恺撒设计了一个羞辱性的任务。以最近斯巴达克的骚乱为借口，元老院投票决定让恺撒和比布卢斯在他们任期届满后清理意大利森林里和小路上的土匪。这一消息在两人上任前就已宣布，可能会给恺撒带来破坏性打击。

其中存在明显的政治问题，但也涉及财务问题——在意大利的森林里游荡，是很难偿还债务的。加图的固执使他变成了一流的破坏者。一旦他下定决心、坚持立场去做某件事，就绝无可能中途罢手。他无法被收买，也不会被说服接受不同意见，而且他还非常勇敢，几乎不可能被恐吓。更糟的是，他是利用法定流程来阻止决策的高手。未来的一年注定是令人沮丧的一年。

发现加图的原则立场非常危险的人，不止恺撒一个。同样的事情在过去几年里也一直困扰着克拉苏和庞培。加图的反腐姿态妨碍了克拉苏的几项计划，而庞培为老兵分配土地的提议也已经十年没有任何进展。加图似乎乐于反对庞培的所有建议。例如，这位将军对于东方的处置得到了普遍好评，但加图顽固地阻止它们得到批准。无论庞培收买了多少执政官或保民官，结果都是一样：这位大帝什么也做不成。

因此，从一开始，恺撒的执政就面临着一个核心难题。如果连克拉苏的财富和庞培的名望都不能打动加图，恺撒还有什么机会呢？

第十一章
三头怪兽

Chapter 11

The Three-Headed Beast

在共和国里，没有任何事情能在这三个人中任何一个不满意的情况下做成。

——苏维托尼乌斯

罗马共和国现在正处于危险的十字路口。它的三位最有权势的人在政治上受挫，而政府似乎充满了腐败和阻挠。如果罗马最伟大的将军和最富有、最有人望的公民都无法做成任何事情，其他人还有什么希望呢?

恺撒也得出了同样的结论，而且和往常一样，他想到了一个优雅的解决方案。在正式就任执政官之前，他拜访了他的赞助人克拉苏，以及庞培，对两人指出了一个基本事实：他们无法通过自己的努力获得想要的东西。庞培和克拉苏缺少一个有效的代理人来推动他们的立法，而恺撒如果没有盟友，他的执政官任期内也不会取得任何进展。此外，他们当中任意两人联手都可能被第三个人所阻挠。于是，前进的唯一道路就是联合起来。

恺撒有充分的理由坚持。加图这一年已经证明，他完全有能力搞砸一切，但恺撒却不能再忍耐了。他为了竞选执政官，已经放弃了一次凯旋式，并打算利用这次任期开启像庞培一样光辉的军事生涯。然而，只有想办法绕过加图的报复性指派，避免与意大利森林中的土匪打游击，他的设想才有可能成为现实。

最需要说服的人是庞培。他显然是三个人中地位最高的，而且从来就不是一个愿意分享聚光灯的人，尤其是和克拉苏一起分享。但是，他和其他人一样感到绝望，而且联手的前景太诱人。庞培的人气、克拉苏的财富和恺撒的政治才能，三者结合将无坚不摧。最有趣的是，加图和其他人永远预见不到这种情况。谁会相信，在十年的对立之后，庞培和克拉苏会握手言和？

当然，他们能够合作的唯一途径是通过恺撒这个中间人，他既是罗马三雄组合背后的发动机，也是维系它的胶水。通过两场婚姻，这一联盟得到了确保。恺撒迎娶了克拉苏一个密友的女儿卡尔普尼亚为妻，并把女儿朱丽娅嫁给了庞培。实际上，两位新娘都才17岁，且朱丽娅已经订过婚，但这些事实都被轻易忽略了。*

目前，三人都对这一联盟守口如瓶。恺撒似乎把这些安排看作传统手段失败后的一种保险措施，并一直在寻找机会使这种合作关系更加牢固。

共和国中唯一没有做出承诺的重要人物是西塞罗。在恺撒上任的几周前，他派了一位代理人去拉拢他。我们有充分的理由认为西塞罗有可能加入这个联盟。虽然他本质上是一个保守派，欣赏加图的许多品质，但他完全清楚加图这样的人对共和国会造成怎样的危害。

恺撒提供了领导力，以及把事情办妥的机会。共和国正在走向失败。这不是恺撒的错，他只是认识到了这一事实并加以利用。如果元老院不能解决问题，恺撒愿意挺身而出。也许他和无可否认的爱国者西塞罗可以修复一些创伤，拯救共和国。

这是一个诱人的提议。西塞罗将得到保护，那些对他处决罗马公民而感到愤怒的人再也骚扰不到他。此外，他还能分享权力，余

* 当年，庞培47岁，比这位新妻子大了30岁。朱丽娅曾经与一位名叫昆图斯·塞维利乌斯·西彼欧（Quintus Servilius Caepio）的男人订婚，他可能是布鲁图的叔叔或哥哥。

生也有了保障。最有说服力的是，他可以再次成为人们的焦点。然而，经过一番苦思冥想，西塞罗礼貌地拒绝了。他是一个爱国者，不愿意挟持共和国。

西塞罗很快就会发现，坚持原则是有代价的。但目前，恺撒不希望这位伟大的演说家站到对立面。他的一贯方针是尽可能与同事保持良好关系，如果做不到，至少也要防止他们成为积极捣乱的敌人。西塞罗的加入对于他们的辩论和演说大有助益，但这并非必要因素。

更为紧迫的事情是压制和他一起担任执政官、并对他公开表示厌恶的比布卢斯。由于罗马政府对职位有年龄要求，加上每年有资格竞选这些职位的候选人数量有限，因此每次选举往往都是同一批人相互竞争。比布卢斯的职业生涯在很大程度上与恺撒平行。他们一同在公元前 65 年担任市政官，公元前 62 年担任副执政官，现在又在公元前 59 年担任执政官。在公众眼里，这两人被联系在了一起，但这种比较对比布卢斯而言可不友好。

毫不令人意外，比布卢斯是加图的保守派成员，认为恺撒是个危险的反叛者，并尽其所能地阻挠他。* 当然，有庞培和克拉苏的支持，恺撒可以强行通过任何提案，但践踏传统也有风险，可能会引

* 加图的派系自称为“*boni*”，意思是“好人”。

起更强烈的对立情绪，并不划算。更好的办法是尝试共同掌权，或至少看起来是这样，然后让比布卢斯当小人。

因此，当他们的任期开始时，恺撒尽力表现出了合作的意向。他在元老院的就职演说就是这个意思，呼吁他们为了共和国的利益，把私人恩怨放在一边。为了保证透明度，并表明他希望的是善政廉政，而非政治斗争，他宣布元老院的所有辩论都将被记录并张贴在罗马广场上，作为一项公开的档案。每当与比布卢斯一同出现在公众面前，他都特别注意不出风头，当比布卢斯拿着象征联合执政的束棒时，他总是远远在后面跟着。比起怀恨在心的比布卢斯，恺撒似乎总是充满理性。

恺撒的首要任务是通过一项法案，分配土地安置庞培的退伍老兵。这一点一直受到加图的阻挠，他在寻找反对理由方面堪称大师。恺撒的解决办法是制定一项明显合情合理的法律，以至于任何试图阻止的行为都像是党派的无理取闹。他全力实施这一策略，在提交法案前宣布，元老院对其中任何部分持有异议，他都愿意删除或修改。他对同事们说，他唯一的愿望就是让大家一同为罗马的共同利益而奋斗。

这并不是一个暴君的风格。该法案呼吁成立一个土地购买委员会，资金来自庞培征服东方带回的财富，对国库没有损失——恺撒还特别指出，他自己不担任委员会成员。土地只能按照最后一次人口普查确定的公平价格购买，且不得强买强卖。最后，国家赠予土地的政策也适用于城里的贫民。* 这既有助于纾解贫困——因为接受土地的人 20 年内不得出售该土地，也能带来新的稳定的纳税群体。

恺撒这个法案面面俱到，甚至连加图都找不到反对意见。当恺撒开始逐个询问元老的意见时，加图的小团体恐怕意识到恺撒已经精心设下了陷阱。他们所说的任何反对意见都显得小题大做，而且由于辩论会被记录下来并公开发布，城里的每个居民都会看在眼里。

因此，保守派无话可说。很明显，法案将顺利通过。不过加图并不会因为损失一点民众的人气就打消念头。他声称时机还不到，然后开始在会场上喋喋不休。拖延时间，顾左右而言他，是加图的拿手好戏。

几个小时后，恺撒的耐心耗尽了。在他的示意下，加图被逮捕，话还没说完就被拖到了监狱。这可能让那些之前耐着性子一直听完加图冗长发言的元老暗中松了一口气。但事实证明，恺撒

* 根据该法案，任何有至少三个小孩的贫困家庭都能得到土地。通过这种方法受益的大约 2 万个家庭都把恺撒当作他们的保护人。

犯了个政治错误。加图是个粗人，但他有神圣不可侵犯的发言权。违背这一点的恺撒看起来就像一个暴君，并失去了他在温和派中建立的善意。这一点在恺撒试图继续会议时得到了证实。一位年长的元老吃力地站起来，开始向门口走去。恺撒问他为什么要离开，那人回答说：他宁愿和加图被关在监狱，也不愿和恺撒一起待在元老院里。

恺撒意识到自己输了，于是解散了会议。由于他不想让加图变成一个“殉道者”，他悄悄地下令释放他。这是一次罕见的政治误判。在剩下的任期里，他拒绝再召集元老开会，而是将所有事务交给公民大会处理。*

第二天，恺撒出现在罗马广场，并请他的同僚比布卢斯公开解释为什么不支持土地分配法案。他重复了加图关于时机未到的反对意见，民众被激怒了，坚持要求通过法案。此时，比布卢斯完全失去了理智。他大喊道，即使所有民众都赞同这个法案，也不会如愿以偿，随后便转身冲了出去。

这正中恺撒下怀。面对狂怒的民众，他又邀请克拉苏和庞培登场，依次询问他们对法案的看法。当恺撒问庞培，如果敌人试图用暴力来阻止该法案，他会怎么做时，庞培吼道，他将以牙还牙。民

* 元老院和公民大会都可以通过立法。

众的欢呼声震耳欲聋。

克拉苏、庞培与恺撒一起公开露面，引起了共和国的震动。想到这三个天生的敌人竟然会结盟——而且显然在恺撒上任之前就已联手，人们感到毛骨悚然。* 即使是庞培最亲密的一些支持者也感到不安。曾在庞培第一次担任执政官时为他提供礼仪“小抄”的马尔库斯·瓦罗（Marcus Varro）就称这个联盟是一只“三头怪兽”，会吞噬整个共和国。

在某些方面，它已经开始吞噬了。三巨头已经有效取代了元老院，虽然大多数元老对这一情况反应迟钝。彻底揭露事实的是庞培。投票当天，他让退伍军人全副武装，挤满罗马广场，以确保取得有利的结果。加图和比布卢斯带着一群支持者出现，想要阻止投票进程，但庞培不允许有不同的声音。两人都被抓了起来，比布卢斯职务的象征也被砸碎。当这位愤怒的执政官试图发言时，一桶粪便兜头浇来。

虽然对方有数人受伤，但这次行动的重点在于羞辱，而不是伤人。比布卢斯和加图被赶出了罗马广场。在这次无果而终的尝试后，加图也意识到反抗是徒劳的。恺撒乘胜追击，在法案中加入了条款，要求元老宣誓支持。任何背弃誓言，或致力于废除法律的

* 除了庞培和克拉苏众所周知的敌对之外，两人的妻子都被恺撒勾引过。

人，将立即被流放。*

现在，三人共治的局面已经公开。恺撒以残酷的效率镇压了反对者。前不久还被恺撒拉拢的西塞罗就犯了错误，他在一次演讲中温和地批评了三巨头。不到一天时间，恺撒的一个代理人就威胁要起诉他。这一年的剩余时间里，西塞罗跑到一个乡村的庄园里自我放逐。他在罗马的房子耗资不菲，却被暴徒拆毁，原址被用于建设自由神庙。

比布卢斯还没有完全理解最近一系列事件的意义。他做了最后一次尝试来阻止恺撒，并呼吁元老院剥夺恺撒的职位。但庞培的部下就在街道上徘徊，没有人愚蠢到去投票支持该动议。无论如何，太多的元老或是害怕三巨头的威势，或是欠了克拉苏的钱，无法阻止他们的任何提议。

比布卢斯知道自己在政治上已经失去了威胁。这一年的剩余时间里，他把自己关在屋子里撰写文章，粗俗地侮辱恺撒，并把它们转给元老院，供剩下的朋友们取乐。他换了一种稍微聪明的斗争方式，开始每天宣布当日有凶兆，不应执行公务，以此阻挠恺撒的执政。†

---

* 加图在西塞罗的劝说下也宣了誓。西塞罗指出，比起被流放，他在罗马内部可以做更多好事。

† 有一次，一群暴徒聚集在他家门口，要求他亲自宣布当日的预兆。他明智地拒绝了。

这一般都是耸人听闻，因为大家都很清楚这只是个噱头。庞培和恺撒都曾经担任神职人员，而且前者还曾专司阐释预兆。他们根本不理会比布卢斯，其他人也是如此。*

粉碎了所有反对者后，恺撒推动实现了三巨头想要的一切。庞培对于东部的处置方案得到了批准，克拉苏得到了一些税收优惠。†最满意的是，他给自己安排了一个任期五年的高卢总督职位，把“意大利的森林和小路”留给了他那身材矮小的同僚来肃清。‡

剩下唯一要做的就是安排一位友军继任。严格意义上说，由于比布卢斯的预兆噱头，恺撒的所有立法都不完全合规，其他人宣布它们作废的可能性依旧存在。为了防止这种情况，恺撒安排他的岳父当选执政官，确保有一个友好的政府来保障他的利益。

如今，他有三个军团可供支配，有一个庞大的行省可供治理，令人注目的军事荣誉就在前方等着他。他所要做的就是把握机遇。

---

* 比布卢斯是如此无关紧要，以至于人们开始把这一年称为朱利乌斯和恺撒的执政年。

† 为了换取巨额贿赂，恺撒还承认了托勒密十二世对埃及的统治。这位新法老是埃及艳后克娄巴特拉的父亲。

‡ 不出所料，比布卢斯拒绝接受他的任命。

第十二章 把握当下

Chapter 12
Carpe Diem

罗马人，你记住，应当用你的力量统治万国……你应当维护和平，确立法治，对臣服的人要宽大，对傲慢的人，通过战争征服他们。

——维吉尔

正是在高卢，恺撒蜕变成恺撒。按照罗马的标准，42 岁的他还不算老，但从他身上已经能淡淡感觉到时光的流逝。庞培 20 岁出头就已荣耀满身，而亚历山大——这个恺撒不断拿来与自己对比的男人——没有活到 33 岁。与恺撒同时代的人都没有想到，这个中年男人很快将证明自己是有史以来最伟大的统帅之一。

他将高卢作为证明自己的舞台，本身就有足够的说服力。那是一片野蛮、尚未开化的土地，在文明世界的光芒之外。它的一小部分已经被罗马占领，但即使这些地区也不过是地图上的一些线条，或是元老院和各种强人之间的模糊协议，他们口口声声为罗马服务的同时又不断地相互争斗。* 变化不定的联盟和持久的冲突体现出一种原始的混乱，让讲秩序的罗马人深感不安。

共和国一直恐惧于阿尔卑斯山以外的事物。公元前 4 世纪，野蛮的高卢人像声势浩大的洪水一样，从山上猛冲下来，残忍地洗劫了罗马。他们策马在街上狂奔，马脖子上挂着敌人的头颅，肆意地屠杀，放火烧掉所有他们偷不走或杀不死的东西。即使过了三个世纪，这一事件留下的记忆仍然让罗马人心神不宁。他们提心吊胆，害怕下一轮攻击就会熄灭他们的文明之光。†

由于罗马人迷恋秩序，这种恐惧就更为深刻。诗人维吉尔在提

---

* 罗马控制下的高卢被分为两个不同的行省。山北高卢（Transalpine Gaul）——“阿尔卑斯山脉以北的高卢”——指的是比利牛斯山脉（Pyrenees）和阿尔卑斯山脉之间的狭长海岸。山南高卢（Cisalpine Gaul）开化程度更高，也被称作 *Gallia Togata*，意为“穿着长袍的高卢”，实际上就是现在的意大利北部。恺撒同时是这两个行省的总督。

† 多亏了几只鹅在高卢人进攻时及时鸣叫，警觉的卫戍部队才保住了卡皮托利山（Capitoline）上的建筑。没有及时示警的看门狗被统统杀死。作为一种持续的惩罚，每年都有一只狗被公开钉在十字架上示众，而一只鹅则会被带到紫色的垫子上，弯着脖子观看仪式。

醒恺撒之后的一代同胞时写到，罗马的义务是在混乱的世界“确立法治”。这个混乱的世界很可能就是指高卢。正因为罗马人心中有挥之不去的恐惧，这才让征服高卢成为值得期待的挑战。对恺撒而言，还有什么比刺穿邪恶的心脏更能赢得声誉的呢？

似乎是为了增加这一挑战的分量，恺撒离开罗马之前，灾难即将来临的消息就在罗马流传开来。在位于现今瑞士的高原地区，一个被称作“赫尔维蒂人”（Helvetii）的部落联盟开始向西迁徙，进入了山北高卢行省。为了表示决心，他们烧毁了自己的村庄，把所有财物装上马车，大规模地来到高卢的山谷里。所有古老的噩梦都被唤醒。据罗马人保守估计，这批迁徙者的人数达到 30 万。如果他们决定转向意大利，那么将无法阻挡。

恺撒的天赋之一在于他思考和行动的速度太快，敌人往往措手不及、晕头转向。公元前 58 年早春，他启程出发，仅用七天就跨越了罗马和日内瓦之间的 500 多英里。意识到蛮族的数量更接近 40 万，而非 30 万后，他又另外从头组建了两个军团，封锁了行省的边界，并在蛮族试图向北进入罗马控制以外的高卢地区时伏击了他们。经过两场恶战，赫尔维蒂人请求议和。他们被送回原来烧毁的高原地区，成为罗马的新臣民。

随着胜利的消息传开，高卢人的求援蜂拥而来。十多年来，日耳曼的部落一直在越过莱茵河，压缩当地人的生存空间。在一个名叫阿利奥维斯塔的雄才大略的人的指挥下，日耳曼人定居在现今的佛兰德斯地区，并夺取了高卢东北部的控制权。有点尴尬的是，阿利奥维斯塔是罗马的正式盟友，而且结盟时间正是恺撒本人担任执政官期间。

现在他有机会纠正这一失察。他早已得出结论，日耳曼人对罗马在高卢的利益构成了威胁，当地人朝秦暮楚的联盟也是如此。唯一的解决办法是驱逐日耳曼人，然后将从阿尔卑斯山到北海的整个高卢地区置于罗马的管理之下。

恺撒一如既往地先尝试外交手段，邀请阿利奥维斯塔参会，讨论立场问题。这位日耳曼军阀断然拒绝了，并明确建议恺撒应该管好自己的事。* 随后，他开始调动军队。恺撒借机声称他为了确保行省乃至整个罗马的安全，不得不进行自卫。两军在莱茵河以西约 10 英里处（位于现今的巴伐利亚州）的一块树木稀疏的旷野遭遇。尽管恺撒的人数有接近 10 万的劣势，但他还是击溃了日耳曼部落，几乎杀死或俘虏了对面所有人。

借助这次辉煌的胜利，他让高卢人知道，他们独立的日子已经不多了。他带领军团推进到罗马边境以北 100 英里，深入一个明面

* 阿利奥维斯塔还指出，他只是效法罗马人在地中海地区的所作所为。

上保持中立的高卢部落领地，并在那里建立了冬季营地。在安营扎寨的同时，他又自费组建并装备了两个军团，而且都没有通知元老院。如此一来，他的军队人数比法定的规模扩大了一倍。

天气一好转，恺撒就转守为攻。十几个高卢部落联合起来对付他，但他似乎胸有成竹，不断打退他们，在这片从未见过罗马军团的土地上来回穿梭，一直推进到北海沿岸。

高卢人的计划是利用纯粹的人数优势压倒入侵者，但他们从未与恺撒这样的敌人交过手。他毫不留情地紧紧追击，杂乱的森林和炙热的原野都无法让他停下脚步。就像巨大的绳结被解开一样，高卢联盟开始瓦解。恺撒的每一次胜利都会导致对方的变节，因为各个部落已经得出结论：和平比自由更美好。

恺撒的士兵们也开始意识到，他与其他罗马将领不同。他尽管在战术上堪称绝妙，值得赞赏，但还不止于此。他有一种难以言传的魅力，既能赢得属下的爱戴，又需要属下的拥护。他有严格的标准，但从不要求手下去做他自己不愿做的事情。他与士兵们同吃同睡，并称他们为他的“伙伴”，因此他们回报以热忱的献身。

在恺撒的领导下，他的士兵战斗力更强，忍耐力也更为出色。为了磨砺士兵，恺撒会突然指挥他们在深夜开始漫长而残酷的急行军。这一定是种可怕的体验，因为恺撒本人也有极强的耐力。能够跟上他的人会得到表扬，而掉队的人则会被痛斥。他们是恺撒的部下，因此会被寄予更高的期望。

他们的待遇也更好。战斗胜利后，恺撒会把战利品平分，而不会把更多的份额留给自己。其他将领会严格控制士兵在休息时的行为，但恺撒允许士兵做自己喜欢的事情。当一位元老批评他的部下逛妓院时，恺撒干脆地回答说，他们在散发着香水味的情况下也能打好仗。他在意的只有军队在战斗时的表现。

恺撒的士兵充分接受了他对荣誉的痴迷。在部队里，没有比临阵脱逃更严重的罪行，也没有比让恺撒失望更严重的惩罚。那些丢下武器逃跑的人，比战死还难受。他们是叛徒和懦夫，不配做恺撒的手下。

他们的勇气有时近乎疯狂。有一次，几个百夫长被一群高卢人包围，陷入孤立。在恺撒的注视下，一名部下单枪匹马杀进了蛮族队伍，救出了被困者。在随后的激烈战斗中，这名士兵几乎被杀死，但还是成功爬回了罗马人的阵线。在恺撒赞扬他的勇敢时，这个人倒在他的脚下啜泣着，乞求恺撒原谅他没能带着盾牌回来。

恺撒很少处于守势。更多的时候是他的部队在给对方带来惨痛的失败。恺撒的间谍是一群酒商，对于高卢的渗透比任何士兵都要彻底。他们让恺撒占尽先机，而恺撒无情的推进使敌人疲于奔命。*高卢的水路堆满了尸体，一位作家声称，军队甚至可以在不弄湿鞋的情况下渡河。与此同时，意大利的奴隶市场人满为患，一双耳瓶的酒就能买到一个高卢俘虏。如此恐怖的人力损耗实在难以承受，经过三个季度的征战，反对恺撒的部落无条件投降。恺撒现在可以给元老院写信，宣布对整个高卢地区的征服了。

恺撒的管辖范围扩大到阿尔卑斯山两侧的土地。由于一直在现今法国的区域作战，他已经很久没有出现在意大利北部。现在，高卢已经被征服，他也可以腾出手来打理这些地盘了。他重新翻越阿尔卑斯山，投身于日常治理，解决法律分歧，征收税款，履行行政职责。最重要的是，他的士兵们得到了急需的休息，部队人数也得到了补充。

恺撒的大获全胜毋庸置疑，但他的文学作品更是令人印象深刻。在持续作战的同时，他还挤出时间定期给国内写信，让罗马人了解他的一举一动。对一个将领而言，记下作战过程以供之后撰写回忆录很常见，但这还是第一次有罗马将领直接在前线汇报战况。

尽管恺撒撰写信件的速度很快，但这些信件并非仅是未经加工

* 酒商们的情报收集工作卓有成效，以至于莱茵河以东的日耳曼部落禁止在他们的领土上卖酒，理由是酒精使人软弱。

的简单的笔记。他是一位有天赋的作家，他的《高卢战记》是史上第一部用拉丁文写就的历史散文，甫一出版就成为畅销书。

恺撒的天赋部分在于他把控叙述的能力。从根本上说，征服高卢的行动是一场防御性的战役，是与带来威胁的敌对部落之间展开的持续斗争。他所采取的所有非法措施都被精心解释为应对高卢人侵略所必需的合适反应。他的主要目的自始至终都是将和平、稳定与罗马文明播撒向大地。

尽管如此，恺撒并没有掩盖反抗罗马将导致的残酷后果。某个部落表示愿意投降，但在谈判过程中又发动突袭，于是恺撒把他们彻底消灭，并将存活的5.3万人当作奴隶一次性出售。* 另一个名叫内尔维（Nervii）的部落据说共有6万名战士，但在与罗马人作战后只有500人幸存。

在《高卢战记》中，敌我双方界限分明，但恺撒对高卢的描述从来都不是动画片式的对立。他通常避免把对手非人化，而是把重点放在他们固有的贵族气质上。高卢人想要摆脱罗马的枷锁，可能是受到了误导，但也完全可以理解。有时，他把他们称为“兄弟”，并指出他们与罗马人之间有多少共同之处。他们都在与腐败做斗

* 这并非一种文学上的夸张自负。考古学证据表明，他们的定居点（位于现今的比利时）在接下来的两个世纪里一直无人居住。

争，都要交税，都有类似的社会结构，并以奴隶作为社会底层、贵族作为社会上层。简而言之，他们适合成为罗马社会的一部分。

这种精妙的陈述采用了简约的风格，与罗马当时流行的华丽修辞大相径庭。西塞罗敏锐地注意到了这份报告对贫困阶层产生的影响，这一阶级似乎对恺撒最为热心。西塞罗深知，将雄辩口才与个人风格结合在一起，宣传会变得非常有效。当恺撒征服高卢的消息传到罗马时，元老院在人民和西塞罗本人的推动下，投票决定举办前所未有的长达 15 天的祭祀活动，其间全民放假。

尽管溢美之词无数，但罗马并非一帆风顺。恺撒的崛起吸引了很多人的注意，和往常一样，各种势力正在聚集，要把这个野心勃勃的人拉下马。已经有人呼吁撤销恺撒的所有立法，并以战争罪审判他。* 更糟的是，三巨头的局面也处于崩溃的边缘。

---

* 恺撒自己的话被他在罗马的敌人所利用。他的任期还没有结束，这本可以使他免受诉讼。但由于他声称战争已经胜利，因此他没有必要继续留在高卢，可以被带回罗马受审。

第十三章
卢卡会谈

Chapter 13
Luca

施行暴政的弊病，在于没有朋友可以信赖。

——埃斯库罗斯

庞培、恺撒和克拉苏之间的协议没有牢固的基础。他们天生就是敌人，都雄心勃勃，因此，他们的联盟只有在三人都认为这对自己达成目的有所帮助时才能维系。一旦当中任何一人在其他方面看到了好处，盟约就会崩塌。

克拉苏和庞培的敌意总像平静水面下的暗流一样涌动，如果没有恺撒撮合，他们早已疏远。这是个严重的问题，因为即使在两人合作的巅峰期，合作程度也极其有限。加图和他的盟友仍然拥有相当大的权力，还有其他一些野心家在三巨头的势力范围之外运作，损害他们的利益。这批人中的首脑是普布利乌斯·克洛狄乌斯·普尔喀。

在慈爱女神玻娜·得亚庆典仪式上男扮女装的风波使他的肆意妄为不减反增，对此人们已经见怪不怪。克劳狄家族在贵族血统之外，唯一更令人印象深刻的是他们的傲慢，即使在贵族当中这也是一个传奇。*

克洛狄乌斯是个天生的煽动家，他可憎的外表下掩盖了相当高的政治智慧。他清楚地知道三巨头带来了怎样的机会，并毫不犹豫地使用暴力来实现他的目标。

他最新的计划是竞选平民保民官，化身为人民的伟大卫士。由于这个职位只对平民开放，他放弃了自己的贵族身份，并被收养到平民家庭。†

恺撒很乐意让这件事继续下去。作为执政官，他正式批准克洛狄乌斯被收养。选举中有一点混乱不是坏事。克洛狄乌斯为了回

---

* 有一次，街上拥挤的人群阻碍了克洛狄乌斯某位祖先前进的道路，于是她大声建议将罗马的穷人淹死，以缓解拥堵。

† 保民官的职责就是保护平民的利益。不用说，纯种贵族克洛狄乌斯去冒充人民的卫士，其虚伪程度令人叹为观止。

报，雇用了一帮暴徒去追捕恺撒的敌人。

虽然克洛狄乌斯更喜欢动用武力，但他也足够狡猾，可以通过其他方式来解决他的对手。当繁荣的塞浦路斯岛被共和国吞并时，克洛狄乌斯狡猾地安排加图去监督主权移交的细节。如此一来，这位顽固的元老就得离开元老院，而且失去了保守派的领导权。

这给恺撒帮了大忙，但克洛狄乌斯难以被掌控，无法成为恺撒的有效助力。他不效忠别人，只为自己的利益服务，而权力的滋味太令人陶醉了，让他无法割舍。他很受欢迎，野心勃勃，而且他的团伙几乎完全掌控了罗马的大街小巷，为什么要在三巨头面前扮演小角色呢？

三巨头权势滔天，已经引起众怒。克洛狄乌斯巧妙地利用这一点来提高自己的知名度。任何让他们当中的一人显得愚蠢——或者无能为力，那样更妙——的事情，都会得到喝彩。

而毫无戒心的庞培则是一个完美的目标。

庞培在东方的一次战役中，俘虏了一位亚美尼亚的王子，并把他监禁在自己的宅邸里，作为潜在的谈判筹码。克洛狄乌斯安排手下闯入庞培的房子，把王子偷了出来，让庞培显得无能软弱。当庞培让一名执政官正式提出抗议时，克洛狄乌斯的团伙把这个可怜人打得奄奄一息。

庞培似乎大感震惊，于是克洛狄乌斯高兴地直接抨击了三巨头。他利用自己在平民中的影响力，煽动人们对庞培的不满，让这位伟大的将军被当众喝倒彩。*随后，克洛狄乌斯让一个奴隶当众掉下一把匕首，并"招认"自己是被派去刺杀庞培的。这让庞培感到紧张，终日闭门不出。

克洛狄乌斯很兴奋。他在三巨头面前占了上风。他又把矛头指向缺席的恺撒，暗示他的整个执政生涯都不合法，因此，他的所有立法都应该被推翻。†他甚至厚颜无耻地邀请恺撒曾经的同僚比布卢斯作为指控方的证人。

这对三巨头权力的损害立竿见影。在这一年的选举中，为安全起见躲在豪宅里的庞培正式支持了几位候选人。有三巨头的支持，本应足以保证胜选，但谨慎的庞培还是赞助了一些耗资甚巨的活动来争取选民。他的担心是正确的。由于对三巨头的惊人抵制，庞培支持的大多数候选人都败下阵来。

这种羞辱最终让庞培下决心以毒攻毒。克洛狄乌斯的保民官任期结束后，庞培扶持了当过角斗士的提图斯·米洛（Titus Milo）接

* 在庞培观看的一场戏剧表演中，一位演员在诵读台词时着重提到"你因我们的痛苦而伟大"，引发了热烈的掌声。

† 当然，讽刺的是，克洛狄乌斯的保民官职位是恺撒批准的。如果恺撒的所有行为都不合法，那么克洛狄乌斯也一样。

替他的位置。米洛善于斗殴，有自己的一帮打手，而且清楚地知道庞培希望他做什么。他引入了新手段，在自己的街头恶霸队伍里编入角斗士和退伍士兵，以此增强战斗力。但克洛狄乌斯不是一个会退缩的人，也不会坐视自己赖以牟利的权力基础受到威胁。很快，首都就陷入了一场无休止的地盘战争。暴力事件导致粮食无法运入城市，情况进一步恶化之后，所有的政府活动都不得不叫停。

三巨头瓜分了这座城市，但现在他们似乎没有能力管理它。根本的原因在于三巨头之间的关系已经完全破裂。同时代的人很难不注意到，克拉苏没有参与最近的任何事件，只是默默看着他的同僚被当作目标，却没有动一根手指为他们辩护。

他一直与庞培不和，但过去他至少能够给人一种两人可以合作共事的假象。但现在有传言称他正暗中支持克洛狄乌斯——否则如何解释这个人能一直活着，甚至可能还在积极谋划刺杀庞培？

如果这些真的只是谣言，那只能说克拉苏毫不在意，因为他完全没有辟谣。一股嫉妒的气息也开始向恺撒悄悄袭来。克拉苏的履历表上有一个明显的缺陷，那就是他的军事声誉不足。看着曾经扶持的人超越自己，作为金主，他忧从中来。

从庞培的角度来看，关于克拉苏的传闻无论多坏，都很可信。在这种多疑的氛围下，他对恺撒也开始产生怀疑。庞培一直对人气十分敏感，恺撒因为战胜高卢人，享受了 15 天的庆典活动，而他在东方打的那些华丽胜仗才只赢得 10 天庆典，这种对比惹恼了他。他开始向朋友倾诉，表示考虑与恺撒的女儿离婚，并向西塞罗暗示他现在后悔结成三巨头。当一个保守的保民官提议立即罢免恺撒并派执政官取代他时，庞培只是象征性地反对了几句，而克拉苏一言不发。*

得知这些事情的恺撒立刻意识到自己的危险。他显然不相信庞培和克拉苏会保护他的利益，三巨头联盟已经名存实亡。唯一的解决办法是让另外两人相信，他们仍然可以从合作中获利。这项任务太敏感，不能交给中间人，必须由他亲自出面。

由于恺撒在率领军团期间被禁止进入罗马，所以另外两人向北来到托斯卡纳的卢卡（Luca），这里是恺撒的冬季驻地。公元前 56 年 4 月中旬，三巨头再次会面。恺撒很可能与两人都事先沟通过几个星期，因此在几次讨论之后，他设法说服了他们再次合作。

他的论点简洁明了。所有的挫折都源于这一事实：尽管他们都有巨大的影响力，但庞培和克拉苏没有任何法律权力。他们只能通过下属——很多时候是能力不足的下属——来间接地把事情办妥。

* 提议将恺撒解职的是执政官卢修斯·多米提乌斯（Lucius Domitius），他是后来的罗马皇帝尼禄（Nero）的直系祖先。

幸运的是，恺撒有一个解决方案。庞培和克拉苏将当选下一年的执政官，他们会把恺撒的高卢总督职位再延长五年。此外，庞培和克拉苏也将被授予相同时间的军事指挥权，以确保他们不会被恺撒压过一头。庞培将成为西班牙总督，而克拉苏则执掌叙利亚。

虽然这是一次私下会面，但在卢卡举行的会议并不是什么秘密。三巨头见面的消息传出后，大多数有政治抱负的罗马人都想参加。超过 200 名元老出席了会议，他们迫不及待地表示支持，以换取任命或其他回报。*

三巨头的计划——包括庞培和克拉苏的竞选——所需的资金都来自恺撒在高卢的斩获。他不再需要躲避债主，而是把黄金源源不断地送到罗马购买选票，奖赏支持者，启动庞大的公共建设项目，以保证恺撒的名字能被每个人挂在嘴边。

磋商以及恺撒的慷慨解囊起到了立竿见影的效果。遏制恺撒权力的法案变得无人问津。加图的一个爪牙试图把它直接提交，却遭到拒绝。黄金买不到的东西，可以通过暴力得到。只有一个候选人敢于与三巨头竞选，那就是刚从塞浦路斯回来的加图，而庞培直接让打手们把他堵在罗马广场之外。加图还试图强行通过，结果自己

* 有一名元老没有去卢卡，他就是西塞罗。卢卡的协定让他感到痛苦。这样的安排会给共和国带来什么，对自己的政治愿望又意味着什么？他已不抱任何幻想。

手臂受伤，奴隶也被当场格杀。

庞培的人无所不在，连依旧威胁十足的克洛狄乌斯都认为此时应该更换目标。敌对的候选人或遭到殴打，或受到恐吓而退出，公民大会一旦有错误倾向，就会被解散。

当然，仍有一些反抗的场面。加图没有被吓倒，并在副执政官的竞选中胜出。虽然加图获得了最多的选票，但庞培没有让他上任。元老院中的保守派尽力抵制，有一次辩论实在激烈，以至于克拉苏扇了同事一耳光，但结局从来都确凿无疑。政治勇气是一种罕见的品质，大部分元老只能顺应大势站队。西塞罗代表了许多人的意见，他写道："我得小心谨慎地迎合那些当权者，确保自己得到他们的认可。"

这位伟大的演说家在痛苦中认识到这一事实。他在一年前被庞培召回时，还像是一次光荣的凯旋。元老院以 416 票赞成、1 票反对的结果邀他回归，而且人们高声宣布了此决定，如此待遇对于这位曾被致敬为"祖国之父"的人物而言再合适不过。* 当他抵达罗马，欢呼的支持者蜂拥而来，以至于他花了整整一天才挪到住处。无论他走到哪里，群众都致以热烈的掌声并请他发言。他不谦虚地说，这更像登基，而非只是回家。

---

* 唯一投"反对"票的是克洛狄乌斯。

因此，当发现自己只是进一步压制克洛狄乌斯的计划中的一颗棋子时，他备受打击。庞培明确表示，他的作用是推动三巨头的议程，而不是分享他们的权力或决策。事实上，他只能怪自己，因为他拒绝了恺撒最初提出的加入三巨头的邀请，这让他有苦难言。他痛苦地说："我必须顺从地扮演好仆人的角色。我就是那个拒绝做主人的人。"

现在，西塞罗不过是当权者的传声筒。他提出的立法使三巨头成为实质上的独裁者。他们在叙利亚、高卢和西班牙的指挥权得到认可，都有了不向元老院申请即可征兵和宣战的权力。

像西塞罗这样的罗马有识之士内心都惊骇不已。当然，他们在表面上不得不欢迎这种新安排。西塞罗在元老院发表了洋洋洒洒的演说，反对任何削弱三巨头权力的行为。然而，在私下里，他哀叹共和国在卢卡受到了致命伤害。他向一位朋友坦言，在庞培的笔记本里，列有过去和未来的官员名单。罗马政府现在只有名义上的共和，自由已经遥不可及。西塞罗写道："和平，是我们现在所能希望的最好结果。"

第十四章
遥远国度

Chapter 14
Distant Lands

风浪总善待最出色的航海员。

——爱德华·吉本

和平，是高卢人所缺乏的。公元前 56 年的冬天，当恺撒忙于扑灭后院的政治之火时，两大日耳曼部落——据恺撒说有 43 万人之众——已经渡过莱茵河，进入现今的比利时。这些部落与罗马人曾经面对过的完全不同。他们崇尚勇气和坚韧，并禁止任何可能导致软弱的行为，从而磨砺这些品质。他们在冰冷的河流中洗澡，并——根据高卢商人令人难忘的报告——猎杀潜伏在莱茵河外黑暗森林中的怪兽。

关于日耳曼人能力的传闻在恺撒的营地里引发了一场恐慌。他的许多新兵都是冲着他的名声和为三巨头之一服务所获得的回报而来，不想死在野蛮人的入侵之下。被这些野蛮人抓住，意味着沦为奴隶，或者更糟，与那些被对方认为是叛徒或懦夫的人一起，被淹死在沼泽里或吊死在树上。

恺撒没有试图安抚部下，而是直面传闻。他证实，日耳曼人确实实力强大，甚至还夸大了他们的军事能力。然后他宣布，他将只带一个军团——第十军团——与他们作战，因为其余部队显然都吓破了胆。第十军团是恺撒最喜爱的军团，由他在西班牙招募的部队组成，参与过他的每一次重大军事行动。他们是荣耀之师。

这种羞辱起到了效果。队列里立即发生了骚动，士兵们大声辱骂军官，因为他们让恺撒认为自己被吓坏了。第十军团派代表到恺撒的帐篷向他表示感谢，并承诺他们将不负所托。其余军团也派人恳求恺撒，希望带领他们一起作战。

恺撒利用他标志性的速度，带着他现在斗志昂扬的部队迅速北上，与日耳曼人在现今德国西北部的克桑滕（Xanten）遭遇。这些部落被打得措手不及，短兵相接后，部落派出领导人要求谈判。恺撒简直不相信自己的运气，他囚禁了这些首领，并下令立刻攻击这些群龙无首的部落。这与其说是一场战斗，不如说是一场屠杀，罗马军队把日耳曼人赶回了莱茵河对岸，屠杀了包括妇女和儿童在内所有没在河里淹死的人。

然而，一场胜利还不够。远在莱茵河另一边的日耳曼人显然还没有学会害怕罗马的武器。除非有人给他们一点教训，否则他们会继续肆无忌惮地穿越莱茵河，破坏高卢的稳定，并为未来的高卢叛军提供源源不断的支援。

无论在沙场还是政坛，恺撒的天性都是利用大胆和快速的行动战胜对手，令对手不知所措。突如其来的大动作，可以让人眼花缭乱，情不自禁地屈服。现在是时候让日耳曼人见识罗马人的实力了。莱茵河是欧洲最大的屏障之一，它河宽水急，还有着难以判断的滩涂地带。试图在河上航行的大队人马将不可避免地被冲散，一旦被对岸的部队发现，很容易成为猎物。

恺撒已经征服了入侵者，现在他提议造一座桥来征服这条河。* 他选了一个水流特别湍急的地点，在日耳曼人的注视下开始了劳作。军团士兵充当工人，砍伐树木并把它们拖到岸边。仅是这一工程上的壮举就足以窥见罗马军队的实力。仅仅十天，这座宽 30 英尺 †，长 1 300 英尺，两端都有防护堡垒的木桥就大功告成。

* 他声称，摆渡过河“有损他的尊严”。

† 1 英尺约 0.30 米，本书均依此换算。——译者注

现在，恺撒可以率领部队安全又秩序井然地随意跨越河流了，他也是第一时间这么做的。另一侧空空如也，桥还没建到一半，日耳曼人就已经消失在森林里了。恺撒没有尝试追踪他们，而是又花了 18 天时间，烧毁了所有他能发现的村庄和粮食。在展示完武力之后，他又重新穿过那座宏伟的桥，并将其拆毁。

拆桥只是为了强调他要传达的信息。这一盛大的工程绝非日耳曼部落所能完成，却被毫不可惜地拆除。正如他在《高卢战记》中所说，他让日耳曼人尝到了恐惧的滋味，并让他们明白，他有能力随时跨越莱茵河，只要他愿意。从那一刻起，他们入侵高卢就只会自食其果。

虽然此刻已是夏末，但恺撒还策划了另一项宏大的开拓活动。他已经教会了所有高卢人要惧怕罗马的武器，现在是时候把这一教训传播到已知世界的边界之外了。

恺撒不是一个安于现状的人。光是莱茵河这种障碍的存在，就是对他的一种诱惑，邀请他前去征服。在更远的北方，有着难以逾越的宽广大洋。一些勇敢的商人报告说，那里有一个被迷雾笼罩的岛屿，上面到处都是黄金、珍珠和贵金属。另一些人则否认它的存在，指出没有人真正探索过这个神秘的岛屿。但恺撒确信不列颠就在那里，而且众所周知，野蛮人越往北越凶猛，这更让恺撒难以抗拒。[*]公元前 55 年 7 月，他在现今的加来（Calais）集结了两个军团，并让他们登上 38 艘匆忙征集的运输船。

由于夏季将尽，来不及做什么事情，因此恺撒为这次突袭找的理由没有多少说服力，他说这只是为了惩罚岛民向一些高卢叛军提供援助。对他的士兵而言，第一眼看到不列颠就有不祥的感觉。西塞罗的弟弟昆图斯当时在恺撒的队伍中担任副将，他写道："它仿佛另一个星球，埋藏在迷雾之中。"当地土著的外形证实了这种感觉。他们把皮肤涂成蓝色，头发像荆棘的尖刺一样野蛮生长，还乘着类似《荷马史诗》里的噩梦中描绘的战车。

局面如此令人不安，以至于到了登陆的时候，没有人行动。最后，恺撒最喜爱的军团的领导人带头跳入汹涌的海浪，手里除了鹰旗，什么也没有拿。战友们不想让他当俘虏，于是纷纷鼓起勇气。魔咒就这样被打破了。其余的士兵也奋勇向前，经过短暂的交锋，他们强行占领了滩头。

这个开头已经足够坎坷，但随后的情况却还在恶化。波涛汹涌的海面迫使运输装甲部队的 18 艘船掉头返航，这让恺撒失去了最有效的战斗力。更糟糕的是，他来自温和的地中海，在应对大西

---

* 其中一个可怕的传闻是北方的野蛮人喝牛奶。（古罗马人和古希腊人很少喝牛奶，他们的饮食主要包括谷物和谷物酿成的啤酒，牛奶被视为野蛮人的饮料。——译者注）

洋的潮汐上缺乏经验，抛锚停泊的手段不到位。满月到了，随之而来的涨潮摧毁了 12 艘船，其他许多船只也被淹没。

发现敌人孤立无援、脆弱不堪后，在旁虎视眈眈的不列颠人发起了进攻，第一次冲锋就几乎击垮了罗马人。恺撒本人的魅力挽救了局势，他冲到战况最危急的地方，并在那里成功地重整了部队。

这场胜利为恺撒赢得了喘息的空间，他借机俘获人质、烧毁村庄、修补船只。他也几乎做不了其他事情。随着季节变迁，天气也已经发生变化，夏末的风暴袭击了他的营地。大多数当地人都决定撤退，等待这个新的入侵者离开。

恺撒决定，在准备好适合航海的运输工具之后，就再次渡过英吉利海峡。他写信给元老院，说他取得了“一贯的胜利”。当然，这纯属误导，这次入侵几乎是场灾难，没有带来任何长期价值。但这是一次优秀的宣传。共和国军队成功渡过海洋的消息激起了罗马人无限的想象，他们迫切想看到续集。受到民众的激情感染，元老院投票决定举行 20 天的公开庆典，以感谢恺撒的功绩。

第十五章
不列颠

Chapter 15
Britain

所有的厄运都可以靠忍耐来征服。

——维吉尔

恺撒的人已经回到高卢，但他的心显然还留在不列颠。过冬期间，他下令建造足以运载 5 个军团和 2 000 名骑兵穿越英吉利海峡的庞大舰队。* 吸取上次入侵的教训，他这次建造的船只吃水很浅，以便更加靠近海岸，使士兵能更快登陆。

当地的不列颠人远远看到这支部队的规模，就逃之夭夭。于是

* 这是在 2 000 年后的诺曼底登陆之前，规模最大的一次穿越英吉利海峡的军事行动。

恺撒毫无阻碍地在现今靠近大斯陶尔河（Great Stour River）河口的桑威奇湾（Sandwich Bay）顺利登陆。他当即展开攻势。在留下一个军团和一些骑兵保护船只后，他在黑暗的掩护下行进 12 英里，来到现今的肯特郡。

恺撒的速度和侵略性让不列颠人措手不及，他们在罗马人的进攻前溃不成军。第一次真正的反抗出现在坎特伯雷附近，当地有一个松散的部落联盟在堡垒里聚集。恺撒命令部队立即突击，在短暂交锋后，当地人四散而逃。

恺撒的风格就是不断给逃跑的敌人施加压力，不过随着夜幕降临，他得到了一个坏消息：一场沿海的风暴袭击了他的舰队。这可能是一次破坏性的打击。在这块充满敌意的未知之地，他的人数远远少于对方，而如今他的撤退能力却可能要打个折扣。他立即返回，却发现损失比他担心的还要严重。他有 40 艘运输船已经完全损毁，剩下的不是陷入泥沼就是会漏水。

看见这些船只残骸，军队的士气极度低落，他们即将在异国领土上度过一个残酷的冬天。然而，恺撒依旧保持清醒，并立刻控制了局势。他派一艘还能航行的船前往高卢，并指示尽快开始建造新船。与此同时，他安排士兵们填补漏洞、修理船只。仅用了十天，任务就宣告完成。他们修好了足够的船只，可以在必要时撤走队伍，有了前进的保障。

这十天的间歇期也让不列颠人得以从入侵带来的最初冲击中恢复过来。一位名叫卡西维拉努斯的当地酋长开始组织人手展开对抗。没过多久他就意识到，不列颠人在战场上不是罗马人的对手。然而，还有其他方法可以赢得胜利。夏天即将过去，只要能阻止罗马人渡过泰晤士河，光是天气的恶化就足以把对方赶回高卢。目前在罗马人能够轻易抵达的范围内，只有一个可供渡河的地方，不列颠人要做的就是在罗马人抵达之前巩固那里的防御工事。

卡西维拉努斯开始采用游击战术延缓恺撒的推进。他设下埋伏，并凭借更了解地形的优势，利用战车不断地声东击西发动袭击。尽管恺撒将他们一一击退，但不列颠人的勇气给他留下了深刻印象。他在《高卢战记》中生动地描写了一次当地人的进攻。战车发出的声音令人紧张，驾驶者非常熟练，即使在陡峭的山坡上他们依然可以控制马匹全速奔跑，并且还能从战车上跳到马背上，向敌人愤怒地投掷长矛，然后再跳回去。长矛掷完，他们就下车步战，如果不敌，再爬上旁边的战车撤退。如此一来，正如恺撒所言：“他们拥有骑兵的机动性和步兵的耐久力。”

当恺撒推进到现今伦敦市中心附近的泰晤士河岸时，发现卡西维拉努斯的军队阻住了他的去路。他以其特有的冲击力立即发动进攻，给当地人带来了一场惨败。* 这次胜利严重打击了卡西维拉努斯的权威，他的联盟开始瓦解。六个部落倒向恺撒，请求结盟，以换取罗马的保护。为了表示善意，他们送出人质、粮食和向导，领着罗马军队直奔卡西维拉努斯的大本营。

随着恺撒逼近，卡西维拉努斯将消息通知了四个肯特郡的部落，他们答应乘虚而入，袭击罗马的舰队。然而，驻扎在那里的一个军团不仅打退了袭击，还成功俘虏了其中一个部落的首领。这次进攻失败的消息有效瓦解了当地人对恺撒的抵抗，尽管身处重围的卡西维拉努斯又坚持了几天。

当年初秋，恺撒拟定了各项和平条约，接受了人质，并获得了沿海部落不再向高卢提供援助的承诺。最后这一条最为重要。恺撒很清楚，罗马对不列颠部落的控制持续不了太久。尽管所有部落都宣称向罗马效忠，但一个世纪后，罗马在这里的影响力恐怕丝毫都不会剩下。当然，恺撒会声称自己已经征服不列颠，但他的主要目标是维持罗马治下高卢的稳定，而这有赖于外部威胁的消除。他这次不列颠之行就像日耳曼之行一样，顺利达成了目标。恺撒回国之后，再也没有不列颠援助高卢叛军的新证据了。

---

* 公元 2 世纪的一份文献声称，恺撒凭借高卢带来的大象强行渡河。但恺撒本人把胜利归功于麾下士兵的“速度和勇武”。不列颠人还要再等一个世纪，才能见到皇帝克劳狄一世的战象。

第十六章
维钦托利

Chapter 16
Vercingetorix

人类的天性中普遍充满对自由的渴望和对奴役的憎恶。

——恺撒

恺撒曾向罗马承诺，高卢已被平定，但事实并非如此。罗马的统治就像一层薄薄的尘土，勉强掩埋住下面深沉而剧烈的怨恨。甚至在他渡过英吉利海峡返回之前，就有了麻烦的迹象。当年的收成不好，没过多久，整个行省就燃起了反叛的火苗。那年冬天和第二年夏天，恺撒被迫在高卢来回穿梭，扑灭各处的火势。* 但他分身乏

* 他甚至还抽出时间重渡莱茵河，防止日耳曼人借机捣乱。

术，不可能面面俱到。

他留下的驻军不断受到压力，有时还遭到伏击。在某次严重的暴力冲突中，整个营地的 7 000 名军团成员被一举歼灭。持续的骚扰开始让罗马人紧张万分。

幸好，这些叛乱仍然属于孤立事件，叛军之间没有协作的迹象。为了维持这种局面，恺撒施展挑拨离间之计，把叛乱部落的土地交给毗邻部落，任由他们处置。到公元前 53 年秋天，这种驱虎吞狼的策略似乎已经奏效。疲惫不堪的恺撒稍感安心，后退到拉韦纳（Ravenna）的冬季驻地进行修整，并将他的军队集中在高卢的北部地区。

那个冬天格外严酷，恺撒把精力投入长期以来忽视的山南高卢行省的治理上。此外，他还抽空出版了最新两卷《高卢战记》，宣布已将高卢再次平定，为凯旋罗马做好铺垫。在此过程中，他得知了三巨头之一克拉苏的命运。

恺撒在高卢的壮举让克拉苏黯然失色。庞培是罗马最出名的将领，而恺撒是克拉苏曾经资助的人，因此他被庞培超过是一回事，但被恺撒超过是另一回事。克拉苏有成为三巨头里吊车尾的危险，他迫切需要给自己的履历增光添彩。军事上的一点荣耀，会大大有助于天平维持平衡。

他选择叙利亚作为战场理所应当。他掌管的行省，其东部边界是幼发拉底河，河对面的土地拥有无尽的财富。* 罗马人抵达财富之乡的唯一障碍是帕提亚帝国（Parthian Empire，又名安息帝国）。克拉苏要做的就是挑起战争，消灭一切抵抗，然后以征服者的身份王者归来。

许多人认为这一计划不妥。此时克拉苏已年近六十，几乎失聪，已经不再适合担任战地指挥官，尤其是他已经 16 年没有参加过战斗了。他仅有的真正的军事经验，还是来自和奴隶军队的作战。此外，罗马人与帕提亚人之间还保持了良好的关系。

但克拉苏不是下定决心后会轻易气馁的人。他的儿子普布利乌斯·克拉苏（Publius Crassus）刚从恺撒身边回来，将与他一道承担指挥的重任。普布利乌斯在高卢地区表现突出，还带了 1 000 名当地土著前来会合。人们普遍认为他会弥补老克拉苏的一切不足。

公元前 54 年夏天，克拉苏的军队渡过幼发拉底河，占领了几个边境城镇，引发了帕提亚人的宣战。然而，克拉苏以他一贯的风格，决定不立即入侵，先把重点放在有条不紊地扫荡自己的行省上。

他花了一年的时间来搜刮和征税，不放过每一个角落。别墅被

---

* 在罗马人深信的传说中，那边的城市里有珍珠打造的城墙，还有纯金的高山。

洗劫，庙宇被搬空，民众的最后一个铜板也被榨取。*随后，克拉苏用这些资金募集和武装了七个军团，其规模堪比恺撒的高卢大军。

最后，在公元前53年春天，克拉苏做好了准备。军队井然有序地渡过幼发拉底河，却找不到交战对象。几天过去了，没有任何生命存在的迹象，只有难以忍受的酷热。终于，士兵们发现了一些蹄印，但它们转入沙漠后便告消失。克拉苏最优秀的副官卡修斯·朗吉努斯恳求克拉苏不要再追，但克拉苏却一头冲进了沙漠。

这种决心似乎得到了回报。帕提亚的军队就在不远处，罗马人渴望与他们交锋。但帕提亚人拒绝短兵相接，他们是古代最优秀的骑射手，无论是突击还是撤退期间都能射箭，后者的杀伤力尤其强大。†他们一整天都在消磨罗马人的斗志，先是凑近放箭，一旦罗马人逼近，他们便后撤。

在无情烈日的炙烤下，罗马士兵极其口渴，他们的纪律开始崩溃。普布利乌斯试图率领高卢部队追击撤退的帕提亚人，却被杀得一干二净。帕提亚人把他的头颅扔在克拉苏的脚下，并嘲弄地表示，一定会让其他所有人接受同样的命运。

罗马人还是设法撤到了附近的城市卡莱（Carrhae），但克拉苏

* 耶路撒冷圣殿（Temple of Jerusalem）也未能逃过被掠夺的命运。

† 这就是英语短语“a Parthian Shot”的由来，原意为“回马箭”，后引申指交谈结束临走前说的尖刻话。

的精神已经崩溃。帕提亚人邀请他谈判，他毫不犹豫地去了。事实证明这只是一个诡计，他立刻被杀害。在卡修斯·朗吉努斯的有力指挥下，剩余的几个军团成功回到罗马，但其余人不是被杀就是被俘。这是自汉尼拔时代以来，罗马最惨痛的一次战败。2 万人在沙漠中被屠杀，还有 1 万人沦为奴隶。

最糟糕的是，7 面罗马鹰旗也在此役中丢失。*

恺撒来不及细想这个消息，就几乎被同样的命运所击倒。他在高卢最倚仗的一直是高卢人的不团结。各部落之间天然的仇恨让他能够相对容易地在整个行省行使权力。但在公元前 53 年晚冬，一个可能打破局面的厉害角色出现了。他名叫维钦托利，是个高卢贵族，提供了各部落迄今为止急缺的个人魅力和领导才能。顶着大雪和严寒，他想方设法将高卢北部和中部的几乎所有部落团结起来，组成了一个庞大的联盟。

恺撒的处境很糟。他与大部分部队的联系被切断，中间是阿尔卑斯山和敌对势力的地盘。他手头仅有一个从庞培那里借来的军团，而且在高卢几乎没有任何支持。在这种情况下，大部分指挥官

---

* 后来有传闻称，克拉苏并未当场被杀，而是被活捉到帕提亚的首都，受黄金灌喉之刑而亡。无论如何，至少他的头颅走过了这一程。在婚礼庆典上，帕提亚国王观看了一场欧里庇得斯（Euripides）的戏剧表演。其间有人把克拉苏的头扔到舞台上，一个反应很快的演员把它捡了起来，当作道具使用。

都会弃子认输，但恺撒却当即行动起来。

他乔装打扮，只带了一小队人马，翻过阿尔卑斯山，穿越被六英尺半厚的积雪阻隔的通道，并设法与他在高卢北部的六个军团取得了联系。这一大胆的行动大大鼓舞了士气，但情况却令人绝望。维钦托利实施了焦土政策，恺撒部队的物资已经告急。

恺撒留下一位名叫德西莫斯·布鲁图的能干军官看守营地，随后就出去寻找补给。奥尔良镇（Orleans）提供了他们急需的一些口粮，但追击而来的高卢部队比预计的更难对付。恺撒遭受了重大损失，被迫退回到营地。这是他六年来在战场上的第一次失败，他精心营造的不可战胜的光环消失了。

现在，恺撒无懈可击的铠甲上出现了一条裂缝，那些自恺撒进入高卢以来的忠实盟友开始投靠维钦托利。副官们恳求恺撒放弃高卢，但处于低谷的他从未动摇。就让整个高卢都联合起来反抗吧。如果敌人已经愚蠢到暴露自己，那只会让他觅得将他们一网打尽的良机。罗马的野兽受伤了，但它还没有失去獠牙。

随着征战季节的结束，维钦托利撤退到他的大本营阿莱西亚（Alesia），这里位于现今的第戎（Dijon）北部。但恺撒没有抓住这个机会退兵，而是立刻跟了上去。

此举无疑充满勇气。阿莱西亚的防线从未被攻克，维钦托利在里面还有一个月的口粮。他的军队也比恺撒更多，并且非常熟悉周围的乡村。

但恺撒不打算发动攻击。如果维钦托利坚守不出，恺撒就让他坐困愁城。他修建了长约 15 英里的巨大围墙，将要塞重重围困。随着时间的推移，食物开始紧缺，维钦托利当即将非战斗人员逐出阿莱西亚。妇女和儿童纷纷涌出，伴随着的是那些年老、病重或伤残的人。但恺撒拒绝让他们通过罗马人的防线，逼迫维钦托利在分配食物和看着自己的人民挨饿之间做出选择。双方都没有退让。许多难民为了生存，不得不吃草，甚至乞求罗马人收他们为奴，但得到的却是无情的沉默。饥饿开始逐渐夺走他们的生命。

维钦托利幸免于同样的命运，因为他得到消息，多达 25 万的高卢援军正在逼近。同样面临食物短缺的恺撒几乎没时间建造第二道围墙，用于防御。高卢人立刻展开了攻击，一批又一批士兵涌向罗马的防线，他们在陡峭的高墙上拼命爬行，用手不断攀缘。

罗马人咬紧牙关，挺过了第一天。现在他们被两支人数都远多于自己的部队里外夹击。高卢方面能够保持联络，并在进攻时互相配合，这意味着恺撒不得不分兵，同时抵御前方和后方的攻击。

第一天的攻势虽然凶猛，但只是高卢人的试探。他们在战斗中发现了罗马防线的弱点。在阿莱西亚以北，有一座可以俯瞰围墙的小山，驻守的是两支已经战损严重的罗马军团。只要集结大军从山上冲锋下来，高卢人就能迅速突破围墙，冲入据点，引发一场血战。

攻击在黎明时分发起，以高卢战士令人毛骨悚然的号叫为开端。数千名士兵怒吼着翻越栅栏，填满罗马人匆忙挖好的壕沟。维钦托利则在内侧发起了猛烈冲击，让恺撒无暇支援。

两边的高卢战士都把钩子甩到高墙的木梁上，企图把墙拉垮。几小时后，一些瞭望塔崩塌了，围墙也倒了一部分。罗马人的防线被向后压缩，但还是没有溃散。忽然，军团开始欢呼，在杀进来的高卢人背后，是恺撒飘扬的红色披风。

整整一天，恺撒都在战线上驰骋，在防线压力最大的阵地高声鼓舞部下，他还将自己的骑兵作为预备队，等待合适的时机。当发现高卢人已经爬上围墙，他就率领骑兵绕到对方大军的背后，从山上突然冲下，杀了对方一个措手不及。场面十分惨烈。高卢人被夹在城墙和骑兵的铁蹄之间，已经没有了战意，只想逃跑。他们的进攻迅速演变成一场血腥的溃败。

在围墙另一侧作战的维钦托利听到痛苦的尖叫，发现局势已经急转直下。他退回要塞，但知道自己大势已去。第二天，他穿着最好的盔甲，骑马昂然而出，俯伏在恺撒脚下投降。

要塞本身得以幸免，但驻守部队却被分配给恺撒的军团士兵作为奴隶。维钦托利被押往罗马，等待着在恺撒的凯旋式上被游街示众的命运。虽然高卢仍有一些零星的抵抗，但战争实际上已经结束。

即使恺撒的死敌也无法否认，这次胜利完全因为他的战争天赋。在两支军队夹击、补给严重不足的情况下，恺撒一次性解决了问题。在此期间，他从未惊慌失措，也从未显露动摇。面对那些命悬一线的惊恐士兵，他只是提供着沉着冷静的领导。这确实是了不起的成就。

接下来一年里还间或有些起义，但它们只是为了高卢的自由所做的垂死挣扎。没有维钦托利这样的领袖把高卢人团结起来，任何作战都是三心二意。恺撒感到最后的叛军已经濒临崩溃，便以外科手术般的精准使用了残酷的手段。在攻下一座反叛的城市后，他砍下了所有参与防守者的手，以警告他们不要再测试他的耐心。

战术奏效了。这一次的和平很稳固，高卢行省在接下来的三个世纪里一直保持着顺从，即使在之后的罗马内战期间也没有叛乱。这给罗马带来了巨大的利益，高卢的面积几乎是意大利的两倍，光是税收就相当惊人。* 罗马也不必再面对高卢人入侵的持续威胁。恺

* 据苏维托尼乌斯所说，恺撒让罗马共和国的领土边界长度增加了 3.2 万英里，并给国库带来了 4 000 万塞斯特斯的收入。

撒成就了伟大事业，并终于成为和庞培平起平坐的对手。正如西塞罗所言，他使阿尔卑斯山变得无关紧要。罗马唯一需要防卫的是恺撒本人。

但战争是以无数生命的消亡为代价的。800 个城市被攻破，超过 300 个部落被征服。尸体在高卢行省随处可见。根据恺撒夸张的估计，他杀死了 100 万高卢人，奴役了 100 万高卢人，放过了剩下的其他人。*

然而，长远来看，高卢在罗马人的治理下蓬勃发展，并成为希腊-罗马文化传播到北欧的主要渠道。恺撒在努力赢得一场战争的过程中，不知不觉奠定了法国文明的根基。

* 加图指控他犯下了战争罪，建议将他移交当地人接受正义的审判。

第十七章

决　裂

Chapter 17

Dictatorship in the Air

在和平时期……最重要的是支持正确的一方——但在战争时期，请支持最强的一方。

——西利乌斯

征服高卢的恺撒还付出了另一项更惨痛的代价，这既牵涉私人问题，也关乎政治因素。在他离开罗马的十年期间，母亲、女儿和孙女 / 外孙女都已去世。母亲奥丽莉亚的逝去是一个重大打击，她一直是他人生的支柱。但他的女儿死于分娩，可能会带来更具爆炸性的影响。

朱丽娅是他唯一的婚生子女，她与庞培的婚姻很好地巩固了这两个男人之间的联盟。从各方面来看，庞培都非常爱她，以至于他因此遭到了轻微的嘲笑。*

撇开个人感情不谈，她逝世的时机实在是不能更糟。克拉苏的死对其他两位巨头之间关系的影响比所有人推测的还要巨大。三人之间的关系，一直都由某种程度的偏执所驱动。每个人都担心另外两位联合起来对付自己，唯一真正的选择正如恺撒一再指出的那样，是三人联手。现在，这种基本的政治格局已经改变。强人只剩下两位，合作不再有明显的好处。加强一个潜在的对手有什么意义？

如果说恺撒在高卢进展顺利，那么庞培留在罗马更是顺风顺水。当三巨头中的另外两人依次出征追求军事荣誉时，庞培宣布他将利用代理人治理他的西班牙行省。诋毁他的人窃窃私语，认为他越来越软弱，不愿意离开年轻的娇妻和舒适的豪宅。他对此不加理会，而是把时间用于设计战神广场上对自己的大型致礼。

含蓄不是庞培的风格。庞大的建筑群在风景优美的公园里拔地而起。林荫道上精心陈列着庞培从征服的各个地区掠夺来的艺术品。大理石门廊通向由飞溅的喷泉装饰的礼堂。这里有一间新的元老院会所供成员们举行紧急会议，有一套为他自己准备的新房，还

---

* 同时代的一份记录惊讶地指出，庞培在与朱丽娅结婚期间从未有过外遇。

有一座胜利者维纳斯（Venus Victrix）的大型神庙。

不过，建筑群里的压轴大作是剧场。这是罗马有史以来第一座永久性剧场，也是罗马有史以来最大的一座剧场，可容纳四万多名观众。14 座雕像巍然矗立，俯视着下方的舞台和座位区。每座雕像都象征着庞培征服的一个国家。*

事实上，所有这些都是在无视“羊圈”——罗马人民的投票站——的意愿的情况下建造的。从此刻起，一切选举都受到庞培的影响。元老也得到了同样的信息。在新的元老院会所，庞培准备了一尊最为精致的雕像——这座比他本人更加高大的全身像会威严地俯视所有参会者。†

公元前 52 年初，元老已经得到了这个消息。米洛和克洛狄乌斯的巷战在公元前 53 年末的选举期间达到了白热化，主持选举的官员被人用砖头砸晕。随后发生了暴乱，即使克洛狄乌斯遭到暗杀——讽刺的是，他死在慈爱女神玻娜·得亚的祭坛上——也未能

---

* 剧场的建造原本不受赞成，因为古罗马认为它们会侵蚀人们的道德品质。庞培巧妙地回避了这一点。他解释说，这实际上是献给他的守护神胜利者维纳斯的礼物——她也恰好是罗马的守护神。剧场里所有的表演都是对维纳斯的敬奉，以使她继续保佑罗马并给罗马带来荣耀。即使加图也不可能反对这一方案。

† 现在，在米兰北部约 3 英里的阿尔科纳蒂别墅（Villa Arconati）里，有一座高九英尺半的庞培雕像，很可能就是这一座。

平息事态。* 他愤怒的支持者们把尸体带回了罗马广场，葬礼的火焰吞没了元老院会所和附近的法庭。对于他这样一个有天赋的捣乱者，这个结局再合适不过。

恺撒不在罗马，有能力恢复秩序的只有一人。庞培被任命为唯一的执政官（公然的违法行为），并承担起拯救共和国的任务。他一直是个出色的组织者，这项任务完全适合他大展身手。扰乱罗马的帮派完全斗不过他的老兵。不到一个月，秩序就已恢复如初。

人们一致对他报以掌声。而当庞培选择一位同事来完成他的任期，从而消除了人们对专制的担忧后，甚至连加图也不得不承认他的表现无可挑剔。他在街上受到欢呼，在元老院受到赞誉。那些多年来一直在背后嘲笑他的贵族们也争相向他表示祝贺。他是罗马最强大、最受欢迎的人物，所有人都知道这一点。

包括在高卢的恺撒也如此认为。为了想办法维持联盟，他提出让他的甥孙女屋大薇（Octavia）嫁给庞培。† 庞培几乎没有考虑就拒绝了。朱利乌斯家族的人现在配不上他。他是罗马最抢手的单身汉，可以选择血统纯正的贵族女性。他选择了出身名门的寡妇

---

* 克洛狄乌斯的家族影响力并未消散，他的女儿已经嫁给了当时还是军人的屋大维。

† 她是未来皇帝屋大维的姐姐，最后嫁给了马克·安东尼。

科妮莉娅，她的前夫就是在沙漠战死的普布利乌斯·克拉苏。* 庞培终于被罗马的上流社会所接纳。

这对恺撒是个打击，尽管目前还不清楚打击的严重程度。庞培的得势导致他没有必要再维系伙伴关系了。他有着忠诚的军队，他在罗马的地位也不可动摇。还有什么是恺撒能给，但靠他自己却无法得到的呢？

这并不意味着庞培是恺撒的敌人，只是他们之间的联盟不再那么理所当然。然而，不可避免的是，他开始向加图和那些威严的元老靠拢，他一直渴望得到他们的认可。在他明显模棱两可的态度的鼓动下，保守派对恺撒的攻击变得更加大胆。公元前 51 年，一个被恺撒授予公民权的高卢人被抓获，当年的执政官未经审判就将其公开鞭打。虽然庞培不情愿地否决了一项直接针对恺撒的更强力的措施，但他也没有为这个人辩护。

恺撒的许多敌人已经开始磨刀霍霍。他的高卢总督任期将于公元前 50 年结束，法律保护也将随之到期。如果他以平民身份出现在罗马，就会被立刻拖到私设法庭，能逃过被流放的命运就已经不错了——加图公开承诺道。他唯一的出路是在任期结束前当选另

* 科妮莉娅是击败汉尼拔的大西庇阿的直系后裔。她的年龄不足庞培的一半，是庞培的第五任妻子。

一个职位，但作为一名现役将军，他被禁止在放弃指挥权之前进入罗马。

他解决这一难题的办法，是请求元老院允许他在缺席的情况下参加选举。所有的目光都转向了庞培。一年前，他修改了法律，候选人必须亲自出面才能被考虑任职。他是选择为恺撒法外开恩，还是决定公开与恺撒决裂？

这个选择是痛苦的。庞培对现状非常满意。一方面，他想支持希望不惜一切代价打倒恺撒的加图，另一方面，他也不愿意在两个敌对的团体之间做出选择。他似乎仍然没有把恺撒视为彻底的敌人，也不想与他为敌。然而，经过几周的踌躇，他最终通知元老院，他反对恺撒的请求。

虽然如今恺撒对庞培的立场已经没有疑问，但他仍试图找到政治上的解决方案。他派遣代理人带着贿赂来到罗马，为他的事业尽心尽力。庞培的回应是试图在军事上削弱恺撒。克拉苏葬送的军团仍未得到补充，而且还需要人手来巩固叙利亚的边境。庞培狡猾地提议，每个人都应该为此贡献一个军团。而他的贡献是两年前借给恺撒的那个军团，这实际上意味着恺撒会失去两个军团。在给庞培的士兵发放了丰厚奖金之后，恺撒同意了这个提议。他们可能是庞培的部下，但恺撒必须确保他们对自己没有恶意。

随后，庞培又提出一项法案，迫使恺撒在选举日之前的几个月放弃指挥权。这将为恺撒在元老院的敌人留下充足的时间把他拖到法庭上并将他定罪。为了赶尽杀绝，恺撒麾下曾经获得土地的退伍士兵也将被剥夺罗马的公民身份。如此一来，庞培可以一举剪除恺撒的羽翼，并在他的现役士兵心中也播下怀疑的种子。然而，恺撒也有自己的手段。他联系到一个可靠的保民官。在接受巨额贿赂后，保民官否决了庞培的提案。

在这个关键时刻，庞培的身体出了问题。* 有疯狂的猜测认为这位伟大的人物即将死去。罗马将失去庇护者，任由恺撒和他的军团摆布。在乡间，人们献上祭品，祈祷他能康复。当他终于再次出现在公众面前时，人们爆发出真挚而热烈的喜悦。整个意大利似乎都松了一口气。

对总是担心人气流失的庞培而言，这次民众的反应大大增强了他的信心。他开始更加强硬，并表现出在未来继续斗争的热情。当一个支持者表示恺撒的军团值得担忧时，庞培骄傲地让他放轻松，因为自己只要“跺跺脚，士兵就会从地上爬起来”。

而恺撒方面，正在最后一次尝试寻找政治上的解决方案。他把最能干的使者马克·安东尼派到了罗马。在那里，安东尼很快当选

* 有传言说，他实际上是被气病了，因为恺撒已经挣脱了他的陷阱。

为保民官。表面上看，这是个奇怪的选择。安东尼是恺撒母亲那边的亲戚，被认为是家族中的害群之马。他的父亲在他 11 岁时就已离世。由于缺乏父亲的教导，他很快与一群粗俗的人厮混，加入克洛狄乌斯的街头帮派，并以酒后闹事而闻名。由于负债累累，他被迫离开罗马，并最终参军。

安东尼也许是个浪荡子弟，但他同时也思维敏捷、办事高效。他曾在阿莱西亚指挥过一支骑兵部队，并在击溃高卢人的最后冲锋中发挥了作用。他的勇气和他的饭量一样不容置疑。如果庞培想打架，恺撒可以派人奉陪。

安东尼来得正是时候。公元前 50 年 12 月，一位执政官带着一把醒目的剑，来到庞培的别墅。当这位官员夸张地将武器交给庞培时，一大群人聚集起来，请求庞培用它来对付恺撒。* 庞培严肃地低下头，回答道：如果找不到其他的和平方式，他就会这样做。随后，他猛然转身离去，开始筹备军队。

庞培要集结军队进攻一个合法任命的官员，这种明目张胆的违法行为并未激起任何抗议。随着庞培的军队开始进城，再提出法律上的反对也没有太大意义。为了避免遭到起诉，恺撒的大多数支持者纷纷逃离罗马。

---

* 考虑到这位执政官还娶了恺撒的一个外甥女，这么做显得格外刻薄。

城里的气氛紧张起来。无论对主事者的看法如何，大多数公民都不希望经历一场内战。有些人，如西塞罗，仍然试图在两个阵营之间调停，并对罗马的未来忧心忡忡。然而，每过一天，保持中立的可能性就微小一分。

公元前 49 年 1 月 1 日，马克·安东尼做出了阻止内战的最后尝试。在元老院的紧急会议上，他宣布恺撒愿意辞职并解散军队，只要庞培承诺也这么做。希望的曙光似乎出现了那么一刹那。这一建议合情合理，双方既可以保全颜面，又能避免无尽的杀戮。

一些元老开始动摇，但加图给他们撑了腰。他否决了安东尼的建议，并发出最后通牒，要求恺撒解散军队，否则将宣布恺撒为共和国的敌人。安东尼立刻表示反对，并直截了当地警告加图，恺撒的士兵经验丰富，调度速度比庞培的新兵更快。随后他转身就走，谈判已经没有意义了。

六天后，元老院通过一项法案，赋予庞培紧急权力，并向恺撒的保民官发出警告，称政府不能保证他们的安全。马克·安东尼和剩下的几个恺撒的部下伪装成奴隶，在庞培的第一批军队进城时溜出了罗马，向恺撒在拉韦纳的营地飞奔。在那里，他正率领一个军团等待消息。

恺撒淡然地接受了自己成为逃犯的事实。为了避免惊动军中可能的间谍，他装作什么都没有发生，继续自己的日常工作。他花了几个小时观看角斗士的训练，并检查了一个新训练基地的建造计划。傍晚时分，他洗了个澡，然后去参加晚宴，与客人们平静地交谈。几个小时后，他借故离开，请赴宴的同伴们等他回来。*

离开宴会厅的恺撒当即命令第十三军团向意大利进发，同时让其他部队越过阿尔卑斯山，加入入侵的行列。随后，他从附近的一家面包店借来骡子，在部队抵达卢比孔河时追上了他们。他停驻在岸边，盯着横跨河面的小桥看了许久，感受着这一决定的巨大分量。这条微不足道的小河就是"城址"，是划分高卢和意大利的神圣边界。如果他越过去，就会有数不清的同胞丧命。

过河这一看似微不足道的行为，将宣告恺撒用武力夺取罗马的意图。他的敌人将别无选择，只能宣布他为国敌。接下来，内战将把一切恐惧散播到他的祖国，乃至三个大洲。共和国的每个子民都将被迫选择阵营，骨肉分离、兄弟阋墙将成为常态。

但如果恺撒拒绝过河，就会在流放中度过余生。他的成就将化为乌有，他的名字将被抹去，他的所有直系亲属都将遭到迫害。

局势对他似乎非常不利。他只有一个军团来抗衡庞培和元老院

* 我们能掌握这一信息，是因为那场晚宴的客人之一是罗马历史学家撒路斯提乌斯（Sallustius）。

的压倒性力量。越过卢比孔河的那一刻，他将成为侵略者，在说服人心的宣传战中天然落于下风。但还有别的选择吗？没有荣誉的恺撒，根本不配称为恺撒。

作为一个赌徒，他引用了希腊诗人米南德（Menander）的一句话："色子已经掷下！"言毕，他疾驰越过了那道桥。

第十八章
内　战

Chapter 18
The Civil War

勇者天佑。

——维吉尔

越过卢比孔河的一个军团，就把罗马共和国拆成了两半。每位公民此刻都面临着一个可怕的选择：支持其中一方，或努力保持中立并期待胜者的宽宏大量。做出决定的不仅是平民。恺撒很清楚士兵为他牺牲了多少。追随他就会成为逃犯，会被没收财产，并使自己的家人面对死亡或者更糟的情况。他们需要确信正义在自己这一边。

恺撒非常重视这项工作。仍旧打扮成奴隶的马克·安东尼被带到第十三军团面前。恺撒指出，庞培和加图就是以这种方式对待国家的忠良之士。他们驯服了高卢，让莱茵河和英吉利海峡彼岸的蛮族学会了敬畏罗马。但对于这一伟大功劳，庞培和加图的回报却是诋毁和唾弃。士兵们看到安东尼时的惊讶讨论很快变为愤怒的咆哮。加图一伙已经试图剥夺恺撒的退伍老兵的权利；侮辱恺撒的荣誉，就是侮辱士兵们自己。

第十三军团用怒吼表达了对恺撒过河的支持。他们已经把一切交托给恺撒。他不仅让他们的军饷几乎翻了一番，而且他们未来能够分得多少土地，享有多少权利，都取决于恺撒的政治手段。让庞培和加图这样的人主导政府，于他们而言不可想象。

罗马世界的其他人发现，做出选择的难度比第十三军团更大。几乎所有的贵族在两个阵营中都有家人。例如，布鲁图是恺撒最喜爱的情妇的儿子，但他却由加图抚养长大。更复杂的是，庞培杀死了布鲁图的父亲，他极不愿意与此人有任何瓜葛。最终，加图的影响力更胜一筹，布鲁图决定与杀害他父亲的凶手站在同一战线。

大多数罗马人都很矛盾。庞培和恺撒是共和国最受钦佩的两个人，都为罗马带来了巨大的荣耀。民众在这场内战中没有真正的利害关系，他们只是不希望发生战争，不希望被打扰。

双方究竟谁更强大，也很难立刻得出结论。恺撒拥有 12 个作战经验丰富的军团，战绩彪炳。但他们的兵力不足，而且除了一个军团外，其他的都在阿尔卑斯山以北。另一方面，庞培几乎拥有无限的兵源，但他们分散在地中海沿岸的各个地区。西班牙、北非和东方都有大量资源，但收集这些资源也需要时间。与此同时，他在意大利只有两个军团。

长远来看，下注庞培似乎是个安全的选择。这位伟人已经发出征兵号召，人们正源源不断地赶来罗马。这些人可以在冬季接受训练，等到庞培在西班牙的七个满编军团和东方不计其数的增援赶到，会师之后就能击垮恺撒。唯一的问题是这一过程需要多久。

恺撒不可能让庞培好整以暇。他越过卢比孔河的消息传来，引发了一片震惊和怀疑。率领部队在冬天行军，他是不是已经疯了？但恺撒只是识破了庞培的虚张声势，他的气势就像气球一样一戳就破。两个意大利军团的忠诚度令人怀疑，他们都曾在高卢为恺撒作战，而庞培也不想带着新兵接受考验。他的主要力量在东方，如果恺撒迫切希望占领罗马，他不介意暂时让出。于是他向意大利南部撤退，并建议任何“喜欢自由而非暴政”的人跟随他。

不是每个人都与庞培一样小心谨慎。逃之夭夭地离开罗马，看起来不像是庞培承诺的那种有力领导。一些贵族忽视了庞培的指示，其中的领头人是一个名叫卢修斯·多米提乌斯·阿赫诺巴尔布斯（Lucius Domitius Ahenobarbus）的元老，自大的他决定给叛军一些教训。阿赫诺巴尔布斯在职业生涯的大部分时间里都是恺撒的坚定反对者，他得到消息称，恺撒的士兵正濒临哗变。带着这种一厢情愿，他带兵向北，在小镇科菲努姆（Corfinum）安营扎寨。不过，看到恺撒的队伍后，他完全失去了理智，试图逃跑，却被自己的部队抓住。士兵们迅速将他交给恺撒并弃械投降。

这是向整个意大利公布意图的良机，恺撒自然不会放过。他召集阿赫诺巴尔布斯和其他被俘的官员，提醒他们自己过去对罗马的贡献，对他们当中许多人的慷慨，并为自己越过卢比孔河进行了精心辩护。随后他释放了所有人，包括愤怒地要求被杀的阿赫诺巴尔布斯。* 被俘的士兵宣誓效忠恺撒，并加入了他的大军。

这一宽大处理无疑很真诚，但它也有巨大的宣传作用。比起展现仁慈，还有什么更好的办法来安抚那些担心被屠杀的民众吗？正如恺撒自己所说："历史表明，残忍的做法只会赢得仇恨。"

这一政策的效果立竿见影。他在意大利所到之处，每个城镇都开门投降。没有掠夺，没有放逐，也没有处决，为什么还要抵抗呢？甚至庞培的出生地和他在意大利的势力中心皮西努姆

---

* 他还归还了缴获自阿赫诺巴尔布斯的私人物品，以强调他不是为了私利而越过卢比孔河。不过阿赫诺巴尔布斯还是立刻重新加入了庞培的军队。

(Picenum)，也只是象征性地草草抵抗了一下就屈服了。

随着恺撒横扫意大利半岛，庞培阵营中的气氛变得越来越紧张。一位元老讽刺地对他说，现在是“跺跺脚”让士兵出现的时候了。但庞培并不打算守卫意大利。尽管他吹嘘得天花乱坠，但他深知自己处于弱势地位。他的绝大部分老兵都驻扎在西班牙和亚细亚，即使在最理想的情况下，他们也不可能赶在恺撒之前抵达罗马。意大利的部队只是他战力的一小部分，在没有完全准备好之前，贸然决战是愚蠢的。在希腊展开抵抗更合理，那里与他正在赶来的大军近在咫尺，而且不需要跨越危险的山脉或水路就能到达。

放弃意大利的计划很不受欢迎，更糟的是庞培还决定对此保密。直到抵达通往希腊的主要港口布林迪西（ Brundisium ），庞培才费心把计划透露给了指挥团队的其他人。其他人的愤怒可想而知，尤其是那些因为相信他会很快击败恺撒而投奔来的元老。但此时已经没有其他选择了。

由于来不及组建舰队，庞培征用了布林迪西方圆几英里内的所有商船和渔船。正在他忙着让第一批部队登上临时运输船时，恺撒出现了。

庞培的天赋在于组织，在这第一次的直接冲突中，他表现得非常出色。恺撒让士兵建造了浮桥，将庞培的船只困在港口，同时骚扰试图登船的人。然而，经过持续的战斗，庞培的临时舰队在夜间突破了封锁，并撤离了所有队伍，据说其间没有一人战死。

恺撒没有办法立刻追击。该地区的大部分船只已经被庞培掌握，他还需要几周时间才能凑够足以渡河的数量。因此，他掉转方向，往罗马进发。

上一位率军进入罗马的将军曾血洗了城市，但恺撒的理念截然不同。敌人已经给他打上逃犯的烙印，但一个正常运作的政府会严重削弱这种声明的说服力。他聪明地宣布，在他看来，那些没有积极反对他的人，都是在支持他。* 这意味着大多数人可以安全地保持中立，而不必冒生命危险。

不过，他试图召集元老院的做法却收效甚微。大部分元老要么和庞培一起撤离，要么去乡间的别墅躲避风头，接到恺撒的召集也不打算返回罗马。虽然参会者仅是勉强达到法定人数，但恺撒还是坚持详细阐述了他所受到的不公正待遇，并向元老保证，他只是万不得已才出此下策。对于那些仍然担心他会变成第二个苏拉的人，他指出了一个事实，即他这次成为意大利主宰的过程中，没有让人流一滴血。

沉闷的掌声零星响起，但大多数元老还是缄默不语。他们当然高兴于自己没有被放逐，但仍然不清楚恺撒会怎么做，而庞培正带

---

* 而庞培相反。他曾说过，所有不积极支持他的人，都是在反对他。

着他数不尽的军团蛰伏在外。要让他们支持恺撒，需要的不只是一场漂亮的演讲。

恺撒温和的态度鼓励了反抗。当他宣布将没收国库以资助战争时，一位保民官援引了一条禁止挪用公帑的法律，勇敢地否决了这一决定。恺撒反驳说，有时候可以用法律解决问题，但有时候需要用武器。那人坚持己见，于是恺撒警告道，战争时期容不得言论自由。

这位保民官拒绝接受暗示。他跟着恺撒去了国库，门被强行打开后，他试图用身体阻止恺撒进入房间。* 这时，恺撒的耐心终于耗尽，他威胁要杀了这人，并恶狠狠地补充道，对他而言，“说比做更令人讨厌。”

事实上，恺撒的时间并不多。庞培在西班牙有七个军团，随时可能抵达意大利或高卢，而庞培本人也在东方集结力量。恺撒每拖延一个月，庞培就又有一个月来训练和武装那支庞大的军队。

他在罗马停留了不到三个星期。在大多数民众习惯他的存在之前，他就开始向西班牙进军了。他开玩笑地说，自己准备去和一支没有将军的部队作战。他留下了一个名叫马尔库斯·雷必达的贵族管理罗马，并派马克·安东尼看守意大利。如果一切顺利，恺撒说，他很快会回来与一位没有部队的将军作战。

---

* 两位执政官把国库锁住以后，带着唯一的钥匙和庞培走了。

第十九章

直面庞培

Chapter 19

Finding Pompey

通过破坏来开辟道路是他的乐趣。

——卢坎

没有人能够像恺撒那样急行军。他在 27 天内行进了超过 1 200 英里，像一道闪电一样击中了庞培的军队。他曾开玩笑说他的敌人没有领袖，但事实是他们的领袖太多了。西班牙军团的总体指挥由三个人分担：一个是六十多岁的疲惫老兵，一个是学者瓦罗，还有一个是前执政官，唯一才能似乎是炫耀他的小腿。不用说，他们当中没有人能与恺撒抗衡。

这一基本事实在庞培的士兵中广为流传。恺撒的名声不言自明，而他们自己的指挥官并不能带来多少信心。由瓦罗指挥的一个军团在恺撒到来的那一刻就投靠了过去。剩下的部队被围困在山坡上，既没有水，也没有食物。经过几天象征性的抵抗，他们放下武器无条件投降。仅用了短短一个多月，恺撒没有打一场大仗，就摧毁了一切有效的抵抗。像往常一样，他赦免了所有人。三位指挥官逃到庞培那里继续战斗，但许多军团加入了恺撒一方。

唯一冲淡胜利喜悦的是在科尔多瓦（Cordoba）附近的一次突发事件。在一场小规模冲突中，恺撒突然栽倒在地，普鲁塔克称这是“头部的瘟热”。* 这只是困扰他今后两年的疾病的首次发作，这会使他失去知觉、虚弱不堪。与死亡的擦肩而过，似乎只是加快了这位充满活力的 51 岁的老人步伐。时间已经不多了。

恺撒回到罗马后得知，战争迅速结束的希望已经破灭。在他不在期间，两个副手遭受了屈辱的失败。第一个，一位名叫库里奥（Curio）的副官入侵了北非，试图抓捕加图，但加图已经与当地的

---

* 虽然在古代人们普遍认为这是癫痫的症状，但恺撒究竟患了什么病还引发了相当多的讨论。苏维托尼乌斯描述的是“突然昏厥”，而阿庇安的说法是“抽搐”。恺撒本人可能倾向于对癫痫的诊断，因为当时很多人认为癫痫是神灵附体的标志。古病理学家加拉西博士（Dr. Galassi）和艾希拉斐恩博士（Dr. Ashrafian）最近提出了一个有说服力的观点，即恺撒患有小中风。

国王结盟。这场战斗从一开始就进展不顺，库里奥和他的两个军团均被歼灭。大约同一时间，马克·安东尼的兄弟在现今的克罗地亚也打了败仗，葬送了另外两个军团。*

更令人担忧的是，恺撒还面临着他职业生涯中的第一次兵变。第九军团已经跟随了他十多年了，是他最初作为西班牙总督所率领的部队之一。他们曾与他一起跨过莱茵河，渡过英吉利海峡，许多人开始怀疑他是否永远不会停下。他们抱怨说，即使是最锋利的剑，用久了也会磨损。

几个元凶煽动了不满，他们指出，恺撒的宽大政策使他们失去了通常的掠夺机会，而承诺的损失补偿尚未支付。现在是时候采取行动了。庞培的威胁给了他们需要的筹码。

这种情况足以令人警惕，以至于恺撒身边的人开始敦促他满足要求，并趁着还有时间，向庞培求和。但正相反，恺撒立即前往了哗变的营地，与叛军们开诚布公地会面。

将军的出现令他们冷静了下来。对同伴抱怨是一回事，而让恺撒站在对面是另一回事。恺撒对他们说的第一个词“公民们”，令他们泪流满面。他们一直都是他的“伙伴”，是他的袍泽。这种特殊的纽带已经断裂。他们被不光彩地开除，不配被称为他的部下。

---

* 包括西塞罗在内的一些元老抓住恺撒出征西班牙的时机，加入了庞培。

气氛一下就变了。前排的士兵开始喊叫，乞求宽恕，希望恺撒再给他们一次机会来证明自己忠诚。

在声音达到顶点之后，恺撒举起了手。他允许他们留下，但要接受惩罚。在更多士兵的恳求下，接受惩罚的人数最终被减为 12 个。抽签得到了恺撒的精心操纵，叛乱的主要煽动者均被选中处死。在之后的战争中，第九军团的表现尤其出色。

整段插曲表明，恺撒需要腾出手来认真对付庞培了，他开始迅速处理罗马的事务。副手雷必达之前已经顺利地通过了一个让恺撒成为独裁官的法案，让恺撒得以方便地为所欲为。他随后发布了一连串命令，召回了所有被流放的士兵，免除了大部分债务，并安排自己当选执政官。做完这些之后，他辞去了仅担任 11 天的独裁官职务，并立刻离开罗马前往意大利南部，他的运输船正在那里待命。

与此同时，庞培抓住机会扫平了东方。他似乎无处不在，组织补给，缔结联盟，甚至和手下一起训练。最后一项为他赢得了尤其热烈的褒奖。虽然庞培已经年过半百，而且距离上一次战斗已有十多年之久，但他仍然充满了惊人的活力。人们赞许地注意到，他能把标枪扔得比大多数士兵还远，并能策马飞速驰骋。对他身体状况的任何质疑都已平息。

络绎不绝的逃兵让庞培了解到罗马的最新情况。他得知，恺撒打算从意大利南部渡海来到希腊。于是，他将一支由 500 艘战船组成的舰队交给了恺撒的老对手比布卢斯，由他来阻击恺撒。

恺撒还有更多问题需要解决。现在是公元前 48 年 1 月，冬季的暴风雨使水面变得险恶莫测。由于恺撒行动太快，他的运输工具一直准备得不够完善，这次最多只能把一半的军队装上船，也就是要在暴风雨肆虐的水域航行两次。

他的运气不错。冬季穿越爱琴海的风险太高，以至于比布卢斯实际上已经停止了对爱琴海的巡逻。在伊庇鲁斯（Epirus）安全登陆后[*]，恺撒不等另一半军队抵达，就对庞培的主要补给中心底拉西乌姆（Dyrrachium）发起了进攻[†]。

庞培的部队是恺撒的两倍，这座城市防守严密，急切间难以攻下。但这次攻击还是让庞培方面感到不安。虽然比布卢斯发誓要派出双倍的人手进行封锁，并处决所有俘虏，但庞培的部队觉得还是有必要公开宣誓，保证对他们的将军的忠诚。

此时，严冬已经来临，双方都决定掘壕固守。随着时间的推移，庞培的队伍不断壮大，而恺撒依然只有一半的兵力。负责渡

---

* 比布卢斯还是拦到了几艘船。他对于错失敌人大为光火，于是把船员们活活烧死了。

† 这座城市就是现今阿尔巴尼亚的都拉斯（Durrës），它是罗马世界第二重要的道路厄纳齐雅大道（Via Egnatia）的西端起点。这条道路绵延近 700 英里，一直通往拜占庭。

海的马克·安东尼没有传来任何消息，恺撒试图建立联系，也被强风所逼退。

然而，春天带来了好消息。比布卢斯因为在海上操劳过度病倒了，马克·安东尼带着大军成功渡海。他在意大利的工作还没有完全为他赢得荣耀，狂饮和狂欢的习惯反倒巩固了他放荡的印象，但他的到来还是让每个人信心大增。*

阵容齐整的恺撒立刻向庞培的后勤中心进发了，但庞培事先得到消息，在那里做好了准备。恺撒到达后发现庞培的士兵正在城市周围修建长达 15 公里的防御工事。但恺撒也毫不示弱，派手下在庞培的工事外面修建栅栏，把大军困在里面。

这是双方第一次以全盛姿态对垒，但两边都不愿主动出击，打起了围城战。庞培可以通过海路获取亚细亚的物资供应，但食物却很快成为恺撒的难题。面包实在稀缺，他的士兵开始把当地的树根与牛奶拌在一起，并将它们烘烤成勉强可以食用的块状物。

这种“面包”很快成为一种骄傲，象征着恺撒的部队愿意为胜利付出多大的努力。不久之后，他们开始把“面包”扔进庞培的营地，嘲笑敌人的软弱。庞培拿到样品后感到非常震惊，大声问：“我们是在和人战斗还是在和野兽战斗？”令他更感不安的是，密

---

* 有一次他喝得酩酊大醉，装扮成酒神，坐着一辆由两头狮子拉着的战车绕着罗马转圈。

密麻麻的营地已经开始受到疾病和缺水的困扰。

这一次，庞培率先行动，向着第九军团驻守的防线发动了猛烈的攻击。这支失去荣誉的军团凭借坚定的防守救赎了自己。一名百夫长四肢全部重伤，仍然坚持战斗，居然还有力气挥舞已经嵌有120 支箭的盾牌。*

然而，即使有这般英勇的壮举，防御工事还是被摧垮了一部分。马克·安东尼及时赶到，稳定了局势，但恺撒却被迫撤退，把他驻守的部分工事留给了敌人。他没有试图夺回，而是对庞培的一个堡垒发起反击，希望能让他措手不及。然而，他的士兵已经到了强弩之末，部队被切断了。庞培的部队向前猛冲，几乎在对方的溃败中活捉恺撒。

这是他职业生涯中最惨痛的一次战败。这次失败的突击使他损失了近 1 000 人，32 面军旗被敌人缴获。更糟的是对他声誉的损害。他战无不胜的光环消散了，整个部队陷入了恐慌。如果庞培一鼓作气发动进攻，他将失去一切。

令人难以置信的是，庞培没有这样做。他不想误入埋伏，也不想中恺撒的诡计，于是叫停了前进的步伐，甚至没有试探一下对面的防线。恺撒简直不相信自己的好运。他说，那个人不知道如何赢

* 战斗结束后，幸存者们清点战场，发现射向第九军团的箭支超过了 3 万。

得一场战争。

恺撒花了一个下午的时间来鼓舞部下。庞培希望让他们丧失斗志，在众目睽睽之下处决了所有的俘虏，但这产生了相反的效果。被击溃的军团要求为他们的失败受到惩罚，全军都请求恺撒立即进攻。

虽然恺撒无疑赞赏这种斗志，但他并不打算在另一次进攻中浪费力量。庞培的阵地实在太坚固，无懈可击。而且由于自己的部分工事已经倒塌，他再保持围攻也没有意义了。

第二天一早，庞培的军队醒来时，发现对面的围墙上空无一人。恺撒已经逃跑了。

第二十章
法萨卢斯的日落

Chapter 20
Sunset at Pharsalus

命运已经做出裁决，末日将把世界的残垣扫荡一空。

——卢坎

恺撒战败的消息比他的军队跑得更快。越来越多人认为他已经穷途末路，他在色萨利大区（Thessaly）抵达的第一个城市甚至拒绝与他交易。对于一支必须自给自足的军队而言，这样的事态发展令人担忧。因此作为一种警告，恺撒洗劫了这座城市，允许他的手下在里面实施暴行。*

* 许多城市的主要官员宁愿自杀也不愿落入恺撒手中——对于一个以宽宏大量而闻名的人

掠夺解决了供应问题，但也表明恺撒正日益绝望。庞培的阵营也能感觉到这一点。他们的大敌正在逃亡，胜利近在眼前。再加把劲，战争就会结束了。

唯一真正的问题是接下来怎么办。一些人希望收复罗马，另一些人则主张趁着恺撒元气未复，彻底把他打垮。唯一不赞同这种普遍乐观态度的是庞培自己。他清楚地知道恺撒的老兵有多危险，并决心在完全准备好之前按兵不动。他的两个叙利亚军团还在路上，为什么要冒险提前打仗？他有更多的钱、更多的物资和更多的当地盟友。他等得越久，恺撒就会越弱。

这是一个精明的判断，庞培的处境在一切可以想到的方面都优于恺撒。但这种等待激怒了他的元老院盟友。他们开始把庞培称作"阿伽门农"（Agamemnon），即特洛伊战争中的希腊军队领袖，他的虚荣心几乎使他们在战争中失败。有谣言开始流传，称庞培故意拖延时间，以强调他的卓越地位。否则，如何解释他不去追击明显变弱的恺撒？

随着紧张和不信任的增加，争吵也变得频繁起来。许多加入庞培阵营的元老开始讨论击败恺撒后可以获得哪些职位。* 他们挑选

来说，这代表要与他彻底划清界限了。

* 关于谁会得到恺撒的祭司长职位的争论几乎导致了肢体冲突。

了罗马广场附近的别墅——虽然它们目前还由恺撒的支持者所拥有——甚至已经派出代理人去购买。其他人则忙着计划如何惩罚恺撒的支持者以及那些保持中立的人。*

当然，如果庞培不行动起来，终结战争，这一切都不会发生。他越是拖拉，元老院施加的压力就越大。西塞罗把他比作一只被无情地用石头追打的母鸡，丧失了自己的判断力。

终于，经过一个月的煎熬等待，叙利亚军团于8月初成功会师。庞培下达了进军的命令，军队向南蹒跚而行，前往恺撒在希腊的驻地。

两支军队在色萨利平原南部边缘的法萨卢斯（Pharsalus）相遇。根据古老的传说，这里是阿喀琉斯（Achilles）的出生地，是一个展开决定世界命运的战斗的合适舞台。法萨卢斯的西边是分开希腊和伊庇鲁斯的品都斯山脉（Pindus），南边是厄尼普斯河（Enipeus），恺撒在那里扎营。

即使是现在，庞培也不想交战。他有证据表明，恺撒的军队正遭受着瘟疫困扰，而且食物严重短缺。每过一天，对方的战斗力就减弱一分。看到恺撒日益绝望地企图诱使他参战，庞培可以确定这一点。他所要做的就是等待，时间会解决剩下的问题。但那些元老

---

* 讽刺的是，加图和他的亲信们自称为“好人”。西塞罗诙谐地评论道，除了他们的事业之外，他们身上根本不存在什么好的品质。

却不这么认为。* 在他们看来，庞培是在玩弄政治手段，让敌人不断溜走。他们已经追上了恺撒，不会再让庞培妨碍他们取得辉煌的胜利。面对这种无情的压力，庞培屈服了。他下令让士兵各就各位，在第二天发动进攻。

当天晚上，庞培的营地里充满了喜庆的气氛。元老用象征胜利的花束来装饰帐篷，为即将到来的凯旋式筹备盛宴。但一些更有思想的人开始怀疑胜利的意义。西塞罗在写给朋友的信中承认了自己深深的绝望。这不是一场拯救共和国的战斗，而是一次对暴君的加冕。无论如何，共和国都在走向死亡。

公元前 48 年 8 月 9 日，两支军队进入最后的阵地。一整晚，恺撒都在向他的先祖维纳斯祈祷，鼓舞他的部下，他的部队不到庞培的一半。对方人数众多，参战的包括 12 个附庸国的国王以及从远至日耳曼和阿拉伯的各地前来支援的盟军。†

尽管兵力悬殊，恺撒的营地中却弥漫着坚定的战意。战前，他向部下们保证，庞培的命星已然滑过天顶——这巧妙地令人联想起庞培的自吹自擂：人们不崇拜西沉落日——并请士兵们牢记誓言，以征服者的身份离开战场，或是永眠于此。恺撒还采取了另一项特

---

* 加图是个例外，他对这一计划表示赞赏，理由是它可以拯救罗马人的生命。

† 为了在混乱的战斗中减少友军的误伤，双方都确定了口令。恺撒的口令是“胜利的使者维纳斯”，庞培的口令是“不屈的赫拉克勒斯”。

别的措施。他知道，骑兵的运用通常是庞培各项战术的核心，而这些人都是贵族中抽调的。他指示部下把长矛对准对手的脸部，相信虚荣心会做到剩下的一切。*

恺撒麾下一个头发斑白的老兵咆哮着，问伙伴们敢不敢和他一起向前冲锋。在马克·安东尼的率领下，位于侧翼的步兵联队奔涌而动。战斗打响了。

庞培无情的军力挡住了第一轮冲击，并有回压之势。为了避免被包抄，恺撒将战线拉长，直到纵深仅有庞培的一半，而如此一来可能会面临全面的崩溃。发现对面举棋不定后，庞培派出重骑兵企图一锤定音，但恺撒的战术奏效了。骑兵伤亡惨重，开始狼狈逃窜。见此良机，身披鲜艳红色斗篷的恺撒立刻带头掩杀，向庞培的侧翼猛烈突进，屠杀了失去保护的弓箭手和投石手。

庞培的中军设法阻止了溃退，但战斗的局面已经开始扭转。到中午时分，庞培的战线遭到切割，恺撒的骑兵践踏了恐慌的步兵。那时以后，基本大局已定。

庞培没有试图集结士兵或发出下一步指令。正如一位评论家所说，他仿佛忘记了自己是庞培大帝。看到阵线开始动摇，他立刻脱

---

* 他让士兵不要理会与庞培一起的各国盟军，因为他们只是为钱而战。只要击溃罗马的老对手，就能赢得这场战争。

下了将军斗篷，跑回了自己的营地。他沉着脸坐在地上，凝视着空气一言不发。直到他的营地也遭到攻击，他才从沉思中清醒过来。跃上最近的一匹马，飞奔出后门，向爱琴海海岸跑去。

与此同时，恺撒已经开始考虑未来。局势扭转后，他立刻高声要求部下饶过同胞的性命。* 赢得胜利后，他又以他著名的仁慈，赦免了所有愿意接受宽恕的人，包括布鲁图、卡修斯和西塞罗，庞培的大多数士兵都加入了他的麾下。† 当然，加图拒绝投降，他发誓绝不剃须、绝不理发，直至胜利或死亡。他逃到北非，并召集了剩余的共和派人士。然而，即使是加图，也不能否认胜利者的宽宏大量。恺撒在向元老院提交的战斗报告中写到，在这次战斗中，他最大的胜利在于“拯救了那些一直与他作对的公民的生命”。

这次胜利的规模及其一边倒的程度极其惊人。战场上的死者多达 1.5 万人，几乎都是庞培的士兵。‡ 看着遍地的尸体，恺撒痛苦地回想着敌人的顽固。他说：“这是他们想要的。无论我做什么，他们都会谴责我。”

他的心情无疑因进入庞培的营地而得到改善，在那里，敌人的狂妄自大得到了充分展示。恺撒摧毁了自己的营地，以示他们仅有胜利和死亡两条路可走。相比之下，庞培一方挂上了桃金娘的花

---

* 战斗结束后，庞培阵营没有一人死于恺撒的手下。

† 许多刺杀恺撒的人都是之前在法萨卢斯被赦免的。

‡ 恺撒声称己方只战死了 200 人。

环，并在沙发和餐桌上摆放了庆祝的鲜花和美酒。恺撒征用了庞培的帐篷，用他对手最好的银盘子吃着精心准备的晚餐。

与此同时，庞培正在为了活命而逃亡。他没有试图重建在希腊的部队，而是选择前往埃及。这是一个明智的选择。托勒密王国是亚历山大帝国的最后传承。这里不仅富饶，还有悠久的文化积淀，是地中海地区唯一的独立势力。更妙的是，它的国王托勒密十三世一直追随庞培。没有比这里更适合重整旗鼓了。

恺撒以他惯有的速度追击庞培，但这一次他的匆忙差点葬送了自己。他仅带着少数部下，渡过赫勒斯滂海峡（Hellespont，现今的达达尼尔海峡）时只有一艘船，却遭遇了十艘庞培的战船。他命令他们投降，对方犹豫一阵以后照办了，如此才避免了自己被俘的命运。之后，恺撒同意等待他的部队会合，并继续追击——也许这次冷静了一些。*

庞培设法比他的追兵领先一步抵达尼罗河三角洲东侧的贝鲁西亚（Pelusium），同行的只有他的妻子、几个高级官员和少数支持者。† 在那里，他把船抛锚，同时寻求进入托勒密领地的正式许可。

---

* 按照某种浪漫的说法，恺撒在追击的途中来到特洛伊，并凝视着这座他祖先的城市。不过可惜，这只是一个传说。

† 这座不起眼的城市在历史上有着不同寻常的重要性。这里是《以赛亚书》（*Isaiah*）中提及的亚述王辛那赫里布（Sennacherib）征战埃及饮恨之处，是终结法老对埃及本土统治

庇护的请求让王宫陷入一片混乱。庞培可能是王国的盟友，但允许他进城意味着与恺撒作对。年轻的托勒密问他最亲密的顾问应该如何处理。顾问回答道："尸体不会咬人。"

托勒密派出了一艘小船，船上载有几名埃及人和两名认识庞培多年的军官。庞培上船后，官员们对这种失礼表示歉意，并保证他们上岸后会有更得体的迎接仪式。于是庞培重重地坐回自己座位上，开始练习他为这位年轻法老创作的希腊语演讲。小船靠岸后，庞培站起来想出去，一位官员在他背后捅了一刀。在庞培的妻子和立于城墙上的托勒密十三世的眼皮底下，其他人都拔出小刀围攻庞培。庞培几乎没有发出任何声音。他拉起长袍遮住自己的脸，在击打下摇摇晃晃，最后倒在了海浪中。

托勒密让人把庞培的头砍下，送到亚历山大港，作为献给恺撒的礼物。庞培的尸体则被遗弃在港口任意漂浮，直到他的奴隶得到释放，才将其捞了起来。在一艘废弃的渔船上，庞培大帝最后的遗体被柴火吞没，这就是他的葬礼。死时，他距离自己的 59 岁生日还差一天。

三天后，恺撒也赶到了埃及。

的决战战场，也是公元 6 世纪查士丁尼（Justinian）统治期间引发黑死病的鼠疫耶尔森菌（Yersinia Pestis）首次传入罗马世界的入口。

第二十一章
托勒密的尾声

Chapter 21
The Last of the Ptolemies

她的美貌本身并非完全无可比拟……但与她交谈会感到一种不可抗拒的魅力。

——普鲁塔克

罗马可能是地中海的政治主宰，但亚历山大港才是它的文化中心。它由亚历山大大帝建造，拥有带编号的街道、作为世界七大奇迹之一的灯塔，以及形形色色的有识之士，这一点堪比甚至胜过罗马。* 这里的大图书馆志在收藏有史以来的所有书籍，藏书累计达 70

* 迄今为止，亚历山大港是亚历山大以自己名字命名的 70 个城市中最著名的一个。在它繁

万卷，仅其科学产出就使大多数地区相形见绌。受到图书馆无与伦比的藏书吸引，许多著名的思想家云集于此，如博学者阿基米德、数学家埃拉托色尼（Eratosthenes）、几何学之父欧几里得，以及无数其他人。* 几个世纪以来，这座城市已经发展成为托勒密王朝的游乐场。人民可以惊奇地看到由蒸汽驱动的自动门、玻璃制的亚历山大大帝之墓（里面还有他保存完好的尸体），还有专门展示缪斯女神所有作品的大厅——这是世界上的第一座博物馆。

这一切很难不令人有些望而生畏。罗马人向来以软弱和堕落为由，对东方的希腊不屑一顾，这在一定程度上是对辉煌的希腊文化的防卫。到访的罗马使者总是费尽心思羞辱托勒密家族，因为他们在政治上实在无能。† 恺撒也不例外，他只带了 4 000 人，就迅速占领了王宫，甚至都没顾上征求国王的意见。

托勒密十三世还没有被冒犯的资格。他最近才成为法老，并且理论上是与他的姐姐克娄巴特拉七世共同统治国家。不过，他们之间的关系已经破裂，国内正在进行内战。‡ 如果他能让恺撒认可他为

荣的犹太人聚集区，诞生了《七十士译本》（*Septuagint*）。这种《摩西五经》（*Torah*）的希腊文译本是犹太人和基督教早期作家最广泛使用的《圣经》版本。

* 埃拉托色尼算出的地球周长与现代的测量值相差不足 900 英里。

† 加图曾在整场会面期间坐在厕所里，迫使尴尬的国王在他解手时继续讨论。

‡ 更复杂的是，还有第三个兄弟姐妹利用这一混乱局面自立为法老。

更高层级的统治者，就可以一劳永逸地解决争端。

为了讨好这位罗马霸主，托勒密的开场白是献上庞培的头颅。但据报告，恺撒非但没有表示感谢，反而哭了起来。当他听到相关细节时，心情变得更加低落。一个伟大人物如此死去，对任何罗马人而言都是一种耻辱。恺撒下令找到庞培的尸体，以便将其妥善安葬，并要求两兄弟解散军队，来王宫里见他。只有这样，他才会对他们的行为做出评判。

托勒密不打算让他姐姐接近恺撒。他匆匆赶往亚历山大港，并指示他的军队不要让克娄巴特拉靠近。不过，克娄巴特拉比她弟弟预想的更加神通广大。据说她躲在洗衣袋里，偷渡到敌方阵地，并顺利进入了王宫。在那里，她完成了历史上最伟大的一次登场：她打开袋子，兴冲冲爬了出来。*

恺撒一下就被迷住了。虽然她还不到21岁，而恺撒已经五十有余，但他们之间的年龄差距并不重要。她机智、无情，而且几乎和恺撒本人一样富有野心。按照古代的标准，与其说她美貌，不如说她充满魅力，她的性格实在令人陶醉。† 他们立即开始了恋情。

---

* 关于她被卷在毯子里的传说，来自18世纪对普鲁塔克的文献的误译。

† 无论以何种标准衡量，克娄巴特拉都不是一个普通人。她的著作内容广泛，涉及从美发到哲学研究的多个领域。她是第一个学习埃及本土语言的托勒密王朝统治者，还能流利地使用其他至少六种语言。她几乎不需要翻译人员的帮助。

托勒密十三世当时只有十几岁，当得知姐姐在做什么时，他如同被宠坏的孩子一样大发脾气。他把他的金冠猛地扔到地上，尖叫着说他的权力遭到了践踏，并乞求神明对恺撒施加诅咒。

这些话有着很好的群众基础。亚历山大港的人早已厌倦了趾高气扬、目空一切的罗马人。随着罗马逐渐吞并了它所有的邻国，在这群外国人面前“站起来”的模糊想法已经酝酿多年。恺撒征用王宫，并与克娄巴特拉在里面纵情享乐，有时甚至直至天明，更是给这一想法火上浇油。更严重的是，他开始从国库中抽调资金，声称前任法老曾经承诺给罗马一大笔钱。

托勒密的咆哮成了转折点。恺撒的队伍在街上受到公开的讥讽，有几个人还被暴徒绑架并被处以私刑。这一次，恺撒完全没有做好准备。他躲在王宫里，试图抵御暴徒的入侵，不过难度很大，因为王宫建筑群几乎占据了整个城市三分之一的面积。他的手下在撤退时烧毁了港口的埃及舰队，并点燃了周围的一些建筑，以阻止追兵。不幸的是，火势很快蔓延到图书馆，损坏了这座城市最重要的宝藏。*

恺撒现在陷入了真正的麻烦。他即使能越过宫殿外愤怒的人群，也不可能在逆风的情况下从海上逃走。随着托勒密的大军——其人

* 损坏的程度众说纷纭。这座图书馆在公元 7 世纪被完全摧毁。

数是恺撒那点可怜的部队的五倍——加入暴乱的队伍，局势越发恶化。五个月的时间里，恺撒一直被困在亚历山大港，连一封信都送不出去。

看来，法萨卢斯战役的胜者将面临和败者同样屈辱的结局。恺撒多次尝试突破托勒密对首都的控制，但都没有成功。有一次，为了避免被俘，恺撒不得不弃船跳水，留下了他那件著名的斗篷。有传闻说，为了保住一些文件，他不得不单手游泳，与此同时还要躲避箭雨。这个故事可能为他的传奇增添了色彩，但也表明了他当时的绝望处境。

终于，在公元前 47 年 3 月，他期待已久的援军来了。经过一场短暂的战斗，托勒密十三世逃走了。* 在试图渡过尼罗河时，托勒密的金色盔甲无疑吸引了难民们的注意。他们掀翻了托勒密的船，淹死了船上所有人。克娄巴特拉现在是唯一合法的统治者了，为了确保她的地位，她嫁给了剩下的最后一个弟弟，年仅 10 岁的托勒密十四世。

埃及内战可能已经结束，但不幸的是，更大的罗马内战却没有结束。恺撒被困在亚历山大港期间，坏消息接踵而至。在意大利，马克·安东尼的聚会已经成功激起对恺撒统治的广泛不满。另一方

---

* 救援部队中包括 3 000 名犹太人，由庞培曾经的家臣安提帕特指挥。

面，庞培的两个儿子已经在西班牙成功建立了一个基地。更令人担忧的是，加图在北非组建了一支庞大的军队，而米特拉达梯的儿子法纳西斯趁着一片混乱，入侵了罗马领土。恺撒在法萨卢斯赢得的宝贵胜利几乎被挥霍一空。

令人难以置信的是，恺撒拒绝回国。这说明了他的自信，或者克娄巴特拉的魅力。这个以行动迅速果决而闻名的人，在接下来的两个月里却像度假的游客。克娄巴特拉已经怀有身孕，她陪同恺撒乘坐王室游艇沿尼罗河而下。两人几乎航行到埃塞俄比亚才开始掉头。虽然这一举动受到了愤慨的罗马朝臣的广泛批评，但恺撒的疯狂不是毫无缘由。陪同他巡游的共有400艘船，里面满载罗马士兵。这一露骨的信息对岸边观看的农民来说显而易见：埃及，乃至埃及的资源，是属于他的。恺撒留下了三个军团，以确保克娄巴特拉的王位，随后他开始着手恢复世界的正确秩序。

恺撒的第一个目标是法纳西斯。由于庞培抽调了亚细亚的大部分士兵来和恺撒作战，法纳西斯敏锐地把握了机会。这位本都国王席卷了现今位于土耳其的大片区域，并决心将这里的罗马人定居点连根拔起。他击溃了当地小规模的驻军，把俘虏的罗马男性（几乎都是平民）全部阉割。

恺撒现在要弥补先前的拖延。他带兵穿过以色列，在耶路撒冷停留了一阵子，以便给犹太强人安提帕特罗马公民身份，并允许犹太人重建城墙。* 一路上，他不断掠夺东方的财富，以支撑他庞大的开支。他这样做的理由让将来的意大利历史学家马基雅维利（Machiavelli）深感自豪："军队需要资金，资金又由军队掠夺获得。如果你失去了其中之一，那么另一个也会失去。"

恺撒进入本都王国后，花了五天时间找到法纳西斯，并用了四个小时将其彻底打垮。东部的巨大威胁就此消失。战后，恺撒冷漠地说，庞培很幸运，凭借如此简单的敌人就赢得了声誉。现在，共和派唯一的希望火种，只剩下加图了。

北非的问题显然更难摆平。受到加图的名声吸引，新兵蜂拥而来。而加图意识到领兵打仗并非他所长，于是把指挥权交给了庞培的岳父梅特鲁斯·西庇阿（Metellus Scipio）。

这是明智之举。梅特鲁斯在筹措资金上天赋异禀。恺撒曾不无羡慕地表示，但凡可以找到一点理由，梅特鲁斯就能征税。在恺撒与克娄巴特拉寻欢作乐期间，加图和梅特鲁斯已经招募、武装和训练了 14 个军团，效率令人惊愕。

然而，让恺撒的士兵感到紧张的，不是对方军队的规模，也不是他们身边的 60 头战象，而是梅特鲁斯的名字。他是击败名将汉

---

* 他肯定也见到了安提帕特那非凡的儿子希律。

尼拔的大西庇阿的直系后裔，而当地的神谕曾预言，未来将有一位西庇阿在非洲战无不胜。幸运的是，神谕没有说战无不胜的究竟是哪一位西庇阿。务实的恺撒在己方阵营找了一位西庇阿家族的远房亲戚，并把他请到欢呼的部队面前，宣布神明已经和往常一样，向恺撒露出微笑。*

事实也证明了这一点。虽然恺撒的军队在人数上处于劣势，而且物资匮乏到被迫用海藻喂马，但他还是击溃了共和派的军队。这是他压倒性最强的胜利之一，梅特鲁斯损失了 5 万人，而恺撒方面据说只死了刚好 50 人。† 唯一的瑕疵是胜者表现出的异常野蛮。战斗结束后，约有 1 万名俘虏被屠杀。这或许是恺撒的命令，又或许是“头部的瘟热”再次发作，令他昏厥，因而无法约束部队。‡

惨败的消息传到附近的乌提卡（Utica）。在那里的加图以其惯有的坚忍接受了这一事实，既没有表现出惊讶，也没有表现出担忧。当晚，他像往常一样用餐，与同伴讨论哲学。这次的主题是自

---

* 恺撒擅长把凶兆引导至他需要的方向。抵达非洲海岸时，他绊了一跤，面部着地摔在士兵眼前。随后他带着一丝幽默感大声宣布，非洲已经起身来拥抱他的征服者了。

† 恺撒阵亡的部下中包括一位被俘的军官。敌人提出饶恕他时，他回答说，恺撒的人习惯赐予怜悯，而非接受怜悯。随后他抓起一把匕首刺死了自己，目瞪口呆的围观者甚至来不及阻止。

‡ 加图一方的参战人员中，有些已经被恺撒赦免过一次，因此被恺撒的士兵视为不可救药的叛徒。恺撒的军官中有一些试图阻止杀戮，也被砍死。

由，一个特别苦涩的话题，因为恺撒的胜利已将自由彻底扼杀。同伴散去后，加图要了一本《斐多》（*Phaedo*）——柏拉图对苏格拉底受死当日的记载——并回到了自己的房间。读完这本书后，他从长袍里抽出一把刀，刺向自己的腹部。不幸的是，由于手部有伤，他未能干脆利落地杀死自己。他痛苦地扭动着身体，惊动了他的朋友。他的儿子冲进房间，发现他倒在血泊中昏迷不醒，一大段肠子已经流了出来。医生立刻被喊来，设法缝合了伤口。然而，加图一醒来，就徒手撕开缝线，扯出自己的肠子，并当场气绝。他拒绝生活在一个恺撒能够呼风唤雨的世界。

他的死亡使乌提卡陷入悲痛。战争爆发时，这里曾坚定地与恺撒站在一边。但由于加图拒绝让部下杀害任何支持恺撒的当地人，他赢得了这座城市的支持。他想要拯救罗马人性命的愿望显然是真诚的。当事业失败已成定局后，他下令让乌提卡的公民投降，不要再继续注定失败的抵抗。对于乌提卡，乃至罗马世界的大部分地区而言，加图永远是一名英雄。*

得知他最顽固的敌人已经死亡时，恺撒哭了。他一直展现出宽宏大量的姿态，表明自己才是更伟大的那个人。这种做法显然不是

* 西塞罗给加图的悼词优雅而简洁。加图是“为数不多的几个比自己的声名更加伟大的人之一”。

表面上那么单纯。如果不设法诋毁加图，死去的他将比活着时更加强大。和往常一样，恺撒迅速行动起来。他在北非另有一些事情需要了结，还要与一个名叫欧诺埃（Eunoë）的摩尔人女王来上一段风流韵事，但他很快就踏上了返回罗马的旅途。

他的第一项举措就是解除马克·安东尼的指挥权。这位副手的行为实在是糟糕得令人震惊。随着安东尼在野蛮的暴力和近乎滑稽的放荡之间来回切换，罗马已经陷入无政府状态。他成功地疏远了几乎所有人，并严重败坏了恺撒的名气。作为惩罚，恺撒剥夺了他所有的官职，将其贬为平民两年。

现在是时候集中精力进行政治宣传了。为了把所有还活着和已死去的敌人笼罩在他的阴影之下，他举办了这个城市建立以来最奢华的宴会。这里迫切需要一场庆典。恺撒回国后进行的一次人口普查显示，经过那场破坏性的内战，罗马的人口锐减一半。正如作家佩特罗尼乌斯（Petronius）所说："世界本身受到了重创。"

恺撒对此应付自如。他连续举办了四次凯旋式，每次都持续一个多星期。整个庆典期间，2.2 万张桌子在异国情调的丝绸遮篷下摆满了食物，供城里的所有公民任意享用。

罗马广场上，还举行了规模空前的戏剧表演、体育比赛和角斗士搏斗。400 多头狮子在专门设计的围栏里进行搏斗。驼豹的出现让观众们大感惊奇，这种动物之前从未在罗马见过。* 此外，恺撒还策划了步兵、骑兵和战象的模拟战，在人工湖上的海军对决，以及对维钦托利的公开处决。†

最令人印象深刻的是凯旋式本身。满载无尽战利品的长队在罗马蜿蜒前行，每辆车上都挂有标语牌或绘画，详细说明恺撒征服了世界的哪个角落。有些胜利的规模令人震惊，达到伏尸百万，另一些则以其宏大而激动人心。恺撒巧妙的措辞能力也在本次活动中得到展现。一般来说，巨大的标语牌上会描述战斗的过程，连同满车的战利品一并游街展示。然而恺撒在牌子上只写了三个单词来概括他对法纳西斯的战役：*Vini, Vidi, Vici*（我来，我看见，我征服）。‡

这份胜利当中甚至还包含着宽容和大度。在展示的图画中，有一张描绘了谋害庞培的两名军官之死。群众咆哮着表示赞同。恺撒致力于维护正义，即使是自己的敌人遭遇不公，他也会为之复仇。

然而，凯旋式上也有不和谐的音符。其中一辆游行的花车描绘

---

* 驼豹是长颈鹿的古称。恺撒精心安排了几乎所有的展品，只为超越庞培。驼豹是为了胜过庞培带到罗马的犀牛和猿猴。庞培的战利品中包括银质雕像，所以恺撒这次带回了金质雕像。诸如此类。

† 按照计划，一位与加图结盟的努米底亚（Numidian）国王也要在凯旋式上被公开处决，但他在被俘之前就自尽了。因此，最后示众的是他四岁的儿子。小男孩在仪式上玩得很开心，让围观的民众大感有趣。一位罗马作家称他是自己所见过的“最快乐的俘虏”。为了展现恺撒的慈悲，小男孩最终被释放，群众随即发出欢呼。

‡ 车上还展示了一幅法纳西斯落荒而逃的画，让观众捧腹大笑。

了加图自杀的情景。这幅画的目的在于威慑：一个恶棍扯出了自己的肠子。不过事与愿违，民众只是感到深深的同情。许多人公开哭泣，其余人也只是默默看着花车经过。

这是恺撒的失策，不过影响不大。在大多数罗马人看来，这次庆典取得了巨大的成功，特别是在活动最后，他分发了大量财物。每名士兵都得到了相当于40年薪金的奖励，每位公民则得到了现金、小麦和橄榄油等礼物。一场盛大的宴会之后，这一系列欢庆终于告一段落，恺撒则由40头用鼻子卷着火炬的大象护送回府。

元老院急忙对他进行褒奖。这是他第三次当选独裁官，任期是前所未有的十年。由于他也是唯一的执政官，因此他拥有的行政权力是罗马历史上绝无仅有的。他用一项雄心勃勃的计划，展示了有效的领导力可以实现什么。他减少了意大利的奴隶数量，大幅削减了国家开支，并将公民身份赐予所有居住在意大利的医生和教师。[*] 罗马的8万名无业的贫困人口曾是政治动荡的根源，恺撒给他们在海外殖民地分配了土地。元老院的成员也增加到近千人。[†] 他还组织

* 他还让山北高卢行省的居民得以享有公民权，从而正式统一了意大利半岛。直到1871年，这里才再次得到统一。

† 旧贵族家庭在元老院中成为少数。新加入的成员包括前奴隶和退伍老兵，甚至还有一些外国人。

人手开始编纂罗马法律，最终在公元6世纪由查士丁尼完成，并委托建立了两座图书馆，一座收藏希腊文作品，另一座收藏拉丁文作品。* 此外，他又改造沼泽，修建公路，开凿运河，修订历法。最后一项尤其利在千秋。

与几乎所有的地中海文明一样，罗马的历法也是以月相为基础，大约355天为一个周期的阴历。这意味着，随着时间的推移，日历将不可避免地与实际季节脱离，所以必须定期在2月和3月之间增加20天左右的闰月。由于内战，罗马的历法已经至少有六年时间没有修正，最冷的月份如今在“夏天”。作为祭司长，恺撒对此负有责任，因此他决定制订一劳永逸的解决方案。以埃及太阳历为基础，他设计了一种能够与季节同步、更加精确的日历。这种日历每四年增加一个闰日。† 为了表达感激和对恺撒的尊敬，原来的七月Quintilis被改名为Julius，也就是如今英文July的词源。

尽管恺撒权势滔天，但他也并非一帆风顺。布鲁图为了迎娶故去的加图的女儿波西娅（Porcia），不惜与妻子离婚，引发了一桩小

* 他在西班牙的老对手瓦罗被委以重任，负责分类和梳理这些作品。

† 恺撒显然已经对这个问题有过一段时间的酝酿。他曾在亚历山大港的一次宴会上提起这个话题，并得到了埃及科学家的大力协助。他的历法在教皇格列高利十三世（Pope Gregory XIII）于1582年做出一次微小改动之后，一直沿用至今。

小的丑闻。* 恺撒大发脾气，写下了一篇名为《反加图》(*Anti-Cato*)的抨击文章，把这位已死的敌人描绘成一个疯狂的酒鬼。这种一反常态的气急败坏被视为明显的诽谤，遭到人们的普遍嘲笑，而加图的名声却越来越大。

那年冬天，从西班牙传来的消息几乎是一种解脱。庞培的两个儿子召集了父亲的老兵，击退了恺撒的将军们。现在几乎整个省份都在叛军手中。于是恺撒立刻离开了罗马。

* 他没能给出任何合理的离婚理由，只说希望与表妹波西娅结婚。

第二十二章
独裁官

Chapter 22
Dictator

我们都是他的奴隶，但他也是时代的奴隶。

——西塞罗

恺撒以他惯有的速度，在不到一个月的时间里急行军超过1 500英里。然而，这次战役与以往不太一样。他于12月抵达，并发现当地的局势已经非常严峻，必须在冬季发起进攻。这意味着他必须在暴雪和冻雨的可怕天气下作战，同时为军队寻找足够的食物。

在任何情况下，这都不是一件容易的事情，而且恺撒已经接近力竭。他把一贯的仁慈收了起来，取而代之的是残酷和野蛮。*战败士兵的头颅会被挂在柱子上示众，而尸体则被拿来当建筑材料。庞培的儿子投降后不会得到庇护，庞培麾下的士兵也不会再有公民权。站出来反对恺撒的人将被彻底摧垮。

庞培军起初拒绝正面交锋，而是采用游击战术给恺撒放血。然而，两个月的无情压力，迫使庞培的儿子铤而走险，决定在西班牙南部蒙达（Munda）的平原地区与对方展开激战。

双方势均力敌，但庞培的士兵有着背水一战的决绝。在八个小时的激烈战斗中，局面一度对恺撒非常不利，以至于曾有自杀的念头闪过他的脑海。他后来说，自己曾多次为胜利而战，但在蒙达，他是为活命而战。

转折点出现了，当时恺撒指挥着队伍的右翼，开始将庞培军逼退。庞培的儿子试图从另一翼抽调士兵来巩固防线，却导致另一翼变得非常薄弱。发现对方的调度之后，恺撒派骑兵向羸弱的一翼迅速突击，冲破了敌军的阵型。庞培的士兵在混乱中逃窜，原本势均力敌的对垒变成了血腥的溃退。少数人躲进蒙达的城墙，逃过一劫，其余大约 3 万人则战死沙场。

恺撒在西班牙的胜利有效地终结了内战。庞培的小儿子塞克斯

* 对阵恺撒的许多老兵已经被赦免过一次，而恺撒也没有心情再赦免他们第二次。

图斯（Sextus）幸免于难，试图在西西里岛重整旗鼓，但他几乎无能为力。保守派的事业已经夭折，再也无法挽救。但西班牙一役也震撼了恺撒。他已经与死神擦肩而过，很少有人能更加深刻地领悟到胜利与死亡其实只有一线之隔。还有其他一些原因需要反思。恺撒的健康状况出现了恶化的迹象。这一年的早些时候，他在听西塞罗的演讲时，又一次瞬间脱力晕倒。他即将年满 55 岁，他父亲就是在这个年龄去世的，而他唯一的婚生子女也已离世。

战后，恺撒 18 岁的甥外孙盖乌斯・屋大维成了他的部下。这个男孩曾恳求母亲允许他加入舅外祖父的队伍。尽管他生了一场大病，并在途中遭遇了船难，但他还是匆匆赶到了前线。他并不是一个引人注目的人物。由于长期患病，他肤色苍白，身体瘦弱，有着中等的身高、棕色的眼睛和稀疏的牙齿。他的运动能力和协调能力都一般，显然不是军营里的好苗子。

从外表上看，他与他的舅外祖父几乎没有什么共同点，然而他的眼中蕴含着令人战栗的智慧。历史上没有关于他们谈话的记载，但恺撒从这个非凡的少年身上看到了熟悉的钢铁意志。他高兴地邀请屋大维在返回罗马的途中与他同乘一辆马车。

抵达罗马后，他们发现有一场丑闻正在酝酿。恺撒不在期间，克娄巴特拉带着庞大的仆人队伍，信步走入城里。陪同她的是她弟弟兼丈夫和她 1 岁的儿子。她还挑衅地给儿子起名为托勒密·恺撒。*虽然孩子的父亲是谁可谓公开的秘密——人们普遍把这个孩子叫作恺撒里昂——但恺撒正式否认了这一点。他的一个朋友觉得有必要出版一本小册子，澄清这一父子关系。†然而，克娄巴特拉并不打算被晾在一边。她搬进了恺撒的宅邸，根本不理会恺撒的正妻卡尔普尼亚。

恺撒即使感到尴尬，也完全没有表露出来。他把一份新的遗嘱交给了维斯塔贞女，然后带着克娄巴特拉去休了两个月的假期。有传闻说，他打算娶她为妻，并将首都迁往埃及。随着恺撒在维纳斯神庙为这位情妇竖起了一座黄金雕像，这个传闻变得更加可信。人们日益相信恺撒已经被东方诱惑。接下来是什么？把情妇神化？

他的行为越来越不像罗马的风格，这一点令人不安。他为西班牙战役的胜利举行了第五次凯旋式，尽管按照传统，凯旋式是为了庆祝征服其他国家而设，而他不过是击败了政敌指挥的本国军团。巨大的银色车队描绘了庞培军的失败，却更加凸显了这种做法的不合时宜。一个多世纪后的历史学家普鲁塔克写到，这些行

* 一个经常被忽视的事实是，克娄巴特拉给儿子取名恺撒，等于公开承认他是私生子。这是她的现实政治逻辑的一个完美例子。与罗马的联盟比托勒密王朝的正统性更加重要。

† 恺撒里昂这个名字意为“小恺撒”。

为引发了罗马人的反感，因为它们美化了对一个罗马伟人的家族的摧毁。

还有其他令人警惕的信号。在庆典的一场舞台剧中，一个演员在念台词时，有意无意地看了恺撒一眼："被许多人害怕的人，一定也害怕许多人。"这位独裁官可能有所察觉，但他什么也没说。

元老院和往常一样毫无骨气，他们不断给恺撒追加荣誉。恺撒只接受了其中一小部分，但也足够令人尴尬。一座描绘他跨坐在地球上的象牙雕像被安放在罗慕路斯神庙里，另一座则多少有些不祥地与诸位国王的雕像并列。他被授予"解放者"、"道德完人"和"国父"的头衔。这些都是由元老投票通过的，他们似乎在曲意逢迎的道路上疯狂竞争。*

随着时间的推移，元老院的褒奖越发荒唐。恺撒的形象被印在了硬币上，这是第一个获得如此殊荣的在世罗马人。他还得到了永久的"凯旋将军"称号。†公元前45年末，溜须拍马达到了顶峰。元老院宣布将恺撒生日作为全国性的节日，尊称他为"半神"，建立

---

* 把恺撒这个勾引过大量罗马精英女性的知名好色之徒称为"道德完人"尤其荒谬。据历史学家塔西佗（Tacitus）所说，在恺撒死后一个多世纪，仍有一些高卢贵族声称自己是他的后裔。

† 虽然英语中的"皇帝"（Emperor）一词源于"凯旋将军"（Imperator），但在罗马共和国时期，它的含义只是"指挥官"。在接受凯旋式之后，得胜的罗马将领就不得再使用这个称号。

了一座神庙以感谢他的仁慈，还建立了一座祭司学院以表示对他的尊敬。*

对此，恺撒的反应是不屑一顾。如果曾经有人怀疑共和国已经死去，那么现在这种怀疑已经烟消云散。想到这些啜泣的侏儒受到人民的信任，承担了国家治理的任务，并被认为有勇气按照原则行事，恺撒就感到可笑。即使在公开场合，他也不再掩饰。当一群元老向他献上更加慷慨的封赏时，他冷淡地表示："荣誉需要减少，而不是增加。"† 他引用了欧里庇得斯的一句话："暴政是最崇高的罪行。"换句话说，绝对的权力是一项值得追求的目标，尽管想象力较差的人会对此感到不安。他对共和国的看法坦率得令人震惊。苏拉即使在独裁统治的巅峰，也会小心翼翼地假装自己在为共和国的利益服务。但恺撒没有。他尖刻地问："什么是共和国？一个虚无的东西，徒具其名，毫无实体或实质。"

共和国已经淹没在腐败、暴力、无能的海洋中。现在那些声称要治理它的人，都只是争吵不休的孩子，迫切需要一个成年人来领

* 在罗马人眼里，凡人和神灵之间的界限十分模糊，这与信仰一神教的地区大不相同。罗马的西部承认各种级别的神灵，而在共和国的东部，恺撒已经被奉为完全的神。以弗所（Ephesus）的一块留存至今的碑上刻着："朱利乌斯·恺撒……一位为了拯救全人类而出现在我们当中的神。"

† 众所周知，恺撒拒绝在元老面前起立。这是严重不合礼节的行为，其原因至今仍有争议。恺撒本人声称自己会周期性地感到虚弱，不想在他们面前倒下而使自己蒙羞。

导他们。这是个公开的秘密，恺撒只是第一个大声把它说出来的人。毋庸置疑，还有西塞罗这样的遗老仍在殚精竭虑，但他们也曾投票将恺撒神化。似乎没有必要再隐瞒这样的事实了，恺撒就是罗马的主人。

一位曾被他赦免的保民官决定抗议恺撒这种在他走近时不站起来的专横行为。但恺撒嘲弄地挑衅道："来从我这里夺回共和国吧。"私下里，他称苏拉是个"无知的孩子"，因为他辞去了独裁官的职务。他还气势汹汹地对一个不听话的元老说，人们应该"把我的话当作法律"。

恺撒开始在公众面前穿着古罗马的国王曾经穿过的红色高靴，还配有紫色斗篷和金色花冠。*现在他欠缺的只是一个国王的头衔了。

甚至他著名的宽宏大量也有了一丝国王的气息。从严格意义上说，元老院才有权力赦免罪犯。恺撒无视元老院的这种权力，无疑也是在彰显权力。对于许多骄傲的共和派人士而言，赦免比死亡更令人难堪。有斯巴达人情怀的不止加图一人，他们认为宁可站着死，也不能跪着活。恺撒的赦免让他们很难释怀。

一个联盟开始在阴影下形成，它的领导人也正好是三个。主要

---

* 讽刺的是，作为"道德完人"，他通过了一项奢侈法，禁止人们穿紫色长袍和其他任何浮夸的衣着。

的煽动者是卡修斯·朗吉努斯，一个对恺撒怀恨在心达十年之久的人。他在担任保民官期间就是积极的恺撒反对者，也是内战期间第一批加入庞培的人。* 恺撒的宽大处理似乎只是让卡修斯的仇恨更加强烈。尽管在法萨卢斯战役后得到了正式的赦免，并被任命为包括叙利亚总督在内的多个重要职位，卡修斯仍然相信恺撒是一个危险的暴君。

恺撒本人似乎完全无动于衷。在公元前 44 年 2 月，元老院任命他为终身独裁官，他决定试试人们对他称王的反应。当月 15 日，他以朱庇特的着装出现在公众面前，坐在讲坛的黄金王座上观看牧神节（Lupercalia）的净化仪式，这个古老的节日甚至在共和国诞生前就已存在。† 按照精心的策划，马克·安东尼向恺撒献上了一顶王冠，但被他夸张地拒绝。有几个声音劝他接受，但当他拒绝时，民众爆发出欢呼。安东尼再次提议，引得观众纷纷抱怨。恺撒一阵恼怒——不知是对人群的反应还是对提议的不满——又把王冠推开，于是台下又响起一阵欢呼。

一周后，卡修斯邀请他的姐夫马尔库斯·尤尼乌斯·布鲁图共

---

* 卡修斯在帕提亚战役中是克拉苏的副手，并可能将这场灾难部分归咎于恺撒。他的妻子与恺撒有染，不过这点似乎并不是他与恺撒为敌的主要原因。

† 牧神节又叫 *Die Februatus*，2 月的名字也由此而来。

进晚餐。*这位客人已成为当时最受尊敬的罗马人之一。他是一位哲学家，也是一位骄傲的贵族，以他岳父加图为道德榜样。罗马的历史对他有深刻的影响。他是罗马共和国的著名建立者卢修斯·尤尼乌斯·布鲁图的后裔。卢修斯曾推翻了罗马王国的最后一位暴君，为了国家的福祉牺牲了自己的家庭。

卡修斯不需要说太多。布鲁图虽然信奉斯多葛学派的禁欲主义，却性情暴躁，缺乏耐心。正如恺撒曾经所说："布鲁图无论想要什么，都会迫不及待。"

问题在于，布鲁图对恺撒的情感一半是钦佩，一半是鄙夷。转折点出现在几天前，当时人们在恺撒的一座雕像上发现了一顶王冠。一个市民曾大声向雕像致敬，称其为国王。但两个保民官立刻逮捕了他，并摘掉了王冠。随后，恺撒又找了个牵强的理由，说两个保民官剥夺了恺撒亲自摘下王冠的机会，并将他们逮捕。

两位保民官立刻成为公众的英雄。由于他们反对暴政的立场，民众开始称他们为"布鲁图"。当晚，煽动者在演讲台和布鲁图坐的椅子上涂画了标语，如"醒醒吧！""你不是布鲁图！"。这终于刺痛了他。2 月 22 日晚，他加入了密谋杀害恺撒的行动。

密谋三人组的最后一名成员是马尔库斯·布鲁图的一个远房表

* 讽刺的是，恺撒对布鲁图的优待正是卡修斯背叛恺撒的主要原因。

亲，名叫德西莫斯·布鲁图。与他的亲戚不同，德西莫斯一直效忠恺撒。从许多方面来说，他的背叛最令人感到苦涩。德西莫斯的父母几乎毁了整个家庭，而恺撒给了他东山再起的机会。德西莫斯曾在高卢忠心耿耿地服役，并与恺撒一起经历了大部分最艰难的战役。他曾在阿莱西亚坚守阵地，并在恺撒凯旋时与他同行。然而，野心使他站到了独裁官的对立面。他没有机会享受自己的凯旋式，而在这位伟人的阴影下，他甚至没有机会赢得喝彩。

阴谋家们现在面临的问题是如何消灭恺撒。保密显然是最重要的，但由于他们的目的是除掉一个暴君，而非发动一场政变，所以行为必须显得合法。这意味着要让尽可能多的重要官员参与进来，同时防止泄密。他们曾短暂考虑过西塞罗，但考虑到他缺乏必要的勇气，而且是个知名的大嘴巴，所以很快放弃。多少有些意外的是，马克·安东尼也被纳入考虑。一年前，他们曾经因为另一个阴谋联系过他。虽然安东尼选择了保持忠诚，但他也没有通知恺撒，给自己留下了选择的余地。

最后，约有 60 名元老参与了这个阴谋，其中大部分人都曾在内战期间站在恺撒一边。一些人加入是因为他们认为恺撒轻视了他们或阻碍了他们的政治生涯，另一些人则是出于对共和国的真正担忧。革命的口号定为自由。

与此同时，恺撒还解雇了他的保镖，无意中帮了阴谋者大忙。他说："死亡一次，总比永远活在死亡的阴影下好。"他似乎永远都是那么匆忙，急于从一个宏伟的计划转向下一个计划。他已经建成了一个新的广场，现在又计划再度大兴土木，新建一座图书馆、一座让庞培的设计相形见绌的新剧场，以及一座全世界最大的战神神庙。

然而，在这一切完成之前，还有一场战役要打。克拉苏死亡的仇还没有报，而且更重要的是，他丢失的军旗还留在帕提亚的神庙里。洗刷这一国耻既是一种政治智慧，也是恺撒作为独裁官的责任。元老院颁布了一项法令，允许他任命一切地方行政官员而不需要举行耗时的选举，随后他将出发日期定在了 3 月 18 日。*

阴谋家们意识到，他们必须迅速行动。对帕提亚的入侵至少需要几年时间，而恺撒返回时必然带着军队。最终，他们决定把动手日期定在恺撒出发前三日，也就是 3 月 15 日。按照传统，这一天是清偿债务的日子。

3 月 14 日晚，恺撒与雷必达和德西莫斯 · 布鲁图共进晚餐。随着夜幕渐深，恺撒把交谈引向了死亡的话题。他问同伴，怎样的死亡才是理想的，并听他们友好地辩论。当被问到这个问题时，他只

---

* 作为战役准备工作的一部分，恺撒决定开凿一条穿过科林斯地峡（Isthmus of Corinth）的运河。他任命了一位建筑师，并制订了计划。但这个项目在恺撒死后被放弃了，这条运河直到 1893 年才完成。

回答了一个词：突然。当天晚上，他那逆来顺受的妻子卡尔普尼亚做了一个噩梦，梦见他浑身是血。她惊恐地醒了过来，恳求丈夫不要与元老会面，而是派刚刚被赦免的安东尼代替他。这一次，恺撒也感到紧张。这与他妻子平时的沉静性格不符。当天早上的祭祀也出现了不祥的兆头，也许他还记起了几天前一位伊特鲁里亚（Etruscan）占卜师的警告：他的生命将在 3 月 15 日前后遭到威胁。在她的恳求下，他派安东尼去宣布元老院会议解散。

然而，在安东尼离开之前，德西莫斯·布鲁图来了。他嘲弄了恺撒，说恺撒听信了一个女人的恐惧。他争辩说，如果恺撒想解散元老院会议，那么按照礼节至少应该亲自去宣布。他们搭乘轿子，来到庞培所建的剧院建筑群，元老正在其中一座神庙里开会。* 当他们穿过罗马广场时，恺撒应该看到了曾提出警告的占卜师，他喊道："3 月 15 日已经到来。"占卜师回道："是的，恺撒，但这一天还没过去。"

庞培的壮丽剧院里正在举行一些游戏，恺撒抵达时，可以清楚地听到里面的吼叫。他向旁边的一栋建筑走去，那就是元老院的会场所在。在那里，他收到了最后的警告：在神庙的入口，一

* 据说，就在恺撒当天早上离开后，一个奴隶带着刺杀的消息前来恺撒家汇报。他被允许在那里等到恺撒回来。

群人围住了他，一位来自布鲁图家的希腊教师把一张纸条塞到他手里，上面写着关于阴谋的细节。但恺撒以为这又是一份请愿书，因此没有去看。正如阿庇安那颇有诗意的说法：“恺撒不得不承受恺撒的命运。”

其中一个密谋者把安东尼拉到一边，防止他插手。其余人簇拥着恺撒走向他的金椅。一个名叫卢修斯·泽姆贝尔（Lucius Cimber）的元老请求召回被这位独裁官流放的一个兄弟。其余的刺客挤在恺撒身边，似乎在支持这一请求，紧紧抓住了恺撒的手。突然，泽姆贝尔抓住恺撒的长袍，猛地把它往下拉扯，让恺撒的脖子露了出来，并喊道：“你们还在等什么？”一把刀砍向他的喉咙，但是歪了，只砍到了他的肩膀。

恺撒愤怒地反击，用他随身携带的尖笔刺向袭击者。他抓住那人的胳膊，把他猛地摔到地上。但刺客太多了。在恺撒向前冲的时候，一把刀刺进了他的身侧，另一把擦过了他的喉咙。在混乱中，一些阴谋家互相刺杀，但大多数人把矛头指向了独裁官。

恺撒开始变得虚弱，但仍在剧烈挣扎，直到布鲁图刺中了他的腹股沟。看到他最喜爱的情妇的儿子，他用希腊语问：“你也在内吗，我的孩子？”然后停止了挣扎。他把长袍套在头上以掩盖死亡的痛苦，倒在了庞培大帝雕像的脚下。

当鲜血从恺撒的23处伤口中渗出时，这些衣衫不整的刺客开始向旁观的元老们致辞。* 头发散乱、长袍上血迹斑斑的布鲁图把西塞罗誉为“祖国之父”，并呼吁他领导这个得以修复的共和国。作为回应，这位演说家和他数百名惊恐万状的同事都逃走了。

这一回应很生动，刺客们只要有足够的智慧就能意识到原因。推翻暴君是一回事，但复兴自由却是另一回事。

* 苏维托尼乌斯声称，一位医生对尸体进行了解剖，结论是只有一处伤口致命。

第二十三章 余 波

Chapter 23
Aftermath

我救了这些人，难道是为了让他们谋杀我？

——恺撒

一时间，空荡荡的房间里，只剩下这些自称“解放者”的刺客。同僚的反应令人失望，但是可以理解。公开的刺杀不适合胆小者。但现在行动已经完成，庆祝肯定会随之而来。这是振奋人心的时刻。布鲁图刺出的一刀修复了这个共和国。他响应了历史的召唤，没有辜负家族的盛名。接下来要做的就是让全罗马知道，暴君已经死了。

一位解放者拿出一顶奴隶获得自由时戴的帽子，布鲁图把它挂在杆子上。他们举着杆子，挥舞着血淋淋的刀，向市政广场走去，一路呼喊着好消息。恺撒死了，共和国得救了，整个罗马自由了！

这本该是布鲁图至高无上的凯旋时刻。恺撒的盟友或是躲藏起来，或是逃之夭夭，而大多数元老都支持他的行动。然而，他对自由的宣示却遭遇了令人愕然的沉默，直到庞培剧场的方向传来尖叫，这种寂静才被打破。人群终于意识到发生了什么，骚乱爆发了，他们争先恐后地逃离建筑群。在街上，暴民们开始抢劫商铺，砸门，放火烧毁建筑物。一些不幸的人在混乱中被踩踏身亡，因为大多数市民只想赶紧躲回家里并牢牢锁住大门。

趁着满城大乱，恺撒的三个奴隶潜入会场，把他的尸体搬回了家。在那里，尸体被洗净，并按惯例进行了火化准备。

与此同时，西塞罗也恢复了勇气，向解放者表示祝贺，并敦促他们不要心慈手软，要斩草除根。他指的是安东尼和雷必达。现在是彻底摧毁政权的时候了。只要有任何知名的恺撒拥护者还活着，恺撒的老兵就能团结在他们周围，暴政的威胁就会继续存在。

不可思议的是，布鲁图认识不到这一点。* 除了杀死恺撒以外，

---

* 卡修斯曾主张把政权的其他关键人物也杀掉，但布鲁图否决了他，理由是他们旨在以自由的名义处决暴君，而不是引发一场血腥屠杀。

他没有任何遏制猖獗的腐败或限制军队政治影响力的计划。他仿佛认为世间一切的邪恶都在一个人身上，除去他就能恢复所有的美好。目瞪口呆的西塞罗将解放者总结为“具有成年人的精神，以及儿童的远见”。*

布鲁图终于后知后觉地意识到他需要使罗马的人民转变立场，站到他这一边。领头的刺杀者来到罗马广场，向聚集在一起的人群讲话。为了使他们更加容易被说服，布鲁图开始大方地分发钱财，并重申他对自由的看法。这里面有一些无可奈何的天真。正如罗马历史学家阿庇安所说，布鲁图对人民的期望充满矛盾：既希望人民渴望自由，又希望人民接受贿赂。

人群中只有少数人欢呼，局势已经明朗，解放者挥霍了拥有的所有优势。安东尼意识到自己的生命不会立即受到威胁，于是从藏身处出来，要求与他们会面。第二天，在元老院的一次私人会议上，刺客和恺撒的余党之间达成了初步的休战协议。不会有清洗或放逐。暴君已经死了，刺客们具有高尚的品格，不介意与安东尼这样的人和平共处。

这是个可怕的错误。安东尼不像布鲁图那样沉默寡言，他迅速

* 具有讽刺意味的是，刺客们将西塞罗排除在队伍之外，部分原因在于他们认为西塞罗不够冷酷无情。

行动起来。他已经得到了恺撒士兵的尊重，而且有充分的理由相信自己是恺撒的继承人。尽管他最近失宠，但恺撒显然信任他，而且他已经完全恢复了名誉。对于一个没有法定子女的人来说，在遗嘱中指定继承人是一种常见做法。安东尼显然是他的副手中最有能力的一个。他所要做的就是在对手毁掉遗嘱之前，确保它的安全。

恺撒的遗嘱存放在维斯塔贞女那里，但安东尼在取回它之前还有几个步骤要走。他首先去拜访了恺撒的遗孀卡尔普尼亚，去收取这位伟人的文书和财富。她立即交给了他，这是恺撒选择他为继承人的另一个标志。随后，他秘密通知恺撒的老兵来罗马集合。

接下来的两天里，安东尼采取了一系列行动。他召集了元老院，说服他们批准恺撒之前的所有法案和立法。这点并不难，因为大多数人都能从其中某些方面获益，而且很容易让人觉得元老院宽大为怀。甚至布鲁图也投了赞成票。元老院还认可了恺撒的遗嘱——尽管尚未宣读——并投票决定为他举办公开葬礼，由安东尼发表悼词。为了给和解精神画上圆满的句号，安东尼当天与卡修斯共进晚餐。*

3 月 19 日，也就是谋杀发生后的第四天，马克 · 安东尼从维斯塔贞女那里取回了恺撒的遗嘱，并把它带到元老院。在那里，他让

---

* 这多少有些尴尬，因为几天前卡修斯还主张谋害安东尼。

一位传令官宣读了元老院授予恺撒的一长串荣誉，以及包括刺杀者在内的每个人都表示要保全他性命的宣誓。随后，在元老的局促不安中，安东尼宣读了遗嘱。

遗嘱就像地雷一样引发了轰动。德西莫斯·布鲁图和其他几个刺杀者都是受益人，甚至还被指定为他未来可能有的儿子的监护人。恺撒在遗嘱中还将台伯河（Tiber）沿岸的娱乐花园捐给人民，并给每个公民发放了一笔现金。他的巨额财产中剩下的部分将在三个甥孙辈之间分配，其中大部分给了他最喜欢的屋大维。令安东尼惊讶和愤怒的是，他不是继承人，那也是恺撒留给屋大维的。

在最初的震惊之后，安东尼恢复了平衡。屋大维只是个 18 岁的男孩，而且不在罗马附近，很容易被制服。* 恺撒的老兵就在城中，盛会的最后一幕已经准备完毕。

次日，人们抬着恺撒的尸体走过大街小巷。它将被火化，并被安葬在战神广场上他的女儿朱丽娅旁边。按照计划，安东尼致悼词。他的讲话简短而精彩，提醒人们铭记被害者的伟大，以及他为罗马所做的不懈努力。† 作为压轴大戏，安东尼引人注目地扯下尸体上沾满鲜血的长袍向人群展示，连带展示的还有一座蜡像，上面呈

---

* 他在现今的阿尔巴尼亚完成了他的军事教育，并在为入侵帕提亚做着准备，原本按计划，他将做恺撒的副指挥。

† 莎士比亚的剧本烘托出了安东尼这段演说的神韵，虽然那不一定是安东尼的原话。

现了恺撒所受的23处刺伤。他的发言达到了预期的效果，民众的情绪明显低沉下来。如今，遗嘱的内容已经广为人知，而数百名老兵已经混在人群当中。尸体被送到罗马广场后，护送队伍用趁手的材料搭建了一副棺材。在安东尼明确无误的示意下，民众砸碎了给行政长官预留的椅子和元老院的长凳，作为点火的材料。

随着火焰的升起，狂热的情绪主导了现场。老兵们脱下斗篷和铠甲，投进火里；妇女们抛下了她们最好的珠宝；演员们甩出了他们的服装；音乐家们丢下了他们的乐器。暴民们开始冲向密谋者的房子，有几个人被处以私刑。剩下的解放者则在夜幕的掩护下溜出了城市。

马克·安东尼出色地做好了这次导演工作，并且似乎已经准备好夺取恺撒的权力了。唯一阻挡他的是那个男孩，盖乌斯·屋大维。但不幸的是，安东尼发现他比任何人想象的都要强大得多。屋大维不顾几乎所有人的建议进入了罗马，投身于你死我活的政治激斗中。

他的加入立即改变了局面。恺撒的老兵们面对着支持谁的两难选择。安东尼脾气暴躁，是他们的老熟人，一个强有力的领袖。他曾与他们并肩战斗，赢得了他们的信任，并证明过自己有能力赢得胜利。另一方面，屋大维虽然只是个孩子，却是恺撒的继承人。同样重要的是他的名字——他已经合法更名为盖乌斯·朱利乌斯·恺撒。忠诚的老兵们怎么可能不加入他呢，更不用说与他为敌了。

两人的关系很快就破裂了。随着时间的推移，恺撒的老兵们逐渐开始抛弃安东尼，转而投向屋大维。以西塞罗为首的元老意识到这是一个摧毁恺撒传承的绝佳机会。如果能够引发两个恺撒派系之间的公开斗争，他们就可以利用没有经验的屋大维压垮安东尼，再通过这个意志薄弱的青年进行统治。

在安东尼离开罗马前往高卢追击刺客后，元老院投票宣布他为逃犯，并派屋大维去消灭他。然而，这个少年精明地意识到这场战役的主要受益方是元老院。因此，他没有试图打垮安东尼，而是安排了一次与他的会面。

两人达成了一项私下的协议，他们决定结成联盟，惩罚那些杀害恺撒的人，然后瓜分罗马世界。随着恺撒的军队再次团结起来，无论是无组织的刺客，还是软弱的元老院，都再没有机会了。

西塞罗等人开始怀疑，杀死恺撒究竟是为了什么。他困惑地写道："自由已经恢复了，但共和国却没有。"罗马牺牲了恺撒的政治才能，换来了安东尼的荒淫无度和屋大维的冷酷算计。人们越来越觉得一个时代已经结束。恺撒是一位巨人，即使是他的敌人也足够强大。相比之下，安东尼、屋大维和布鲁图就像侏儒一样在废墟中厮杀。

然而，即使是这样的战斗也没有持续多久。面对经验丰富的恺撒军团，仍然自称解放者的刺客们准备不足，仿佛一盘散沙，很快就被击垮。到那个夏天结束时，他们已经逃离意大利，几乎没有人活过三年。而大多数没有在战斗中丧生的刺客，都用他们刺杀恺撒的那把刀自杀了。

然而，战胜阴谋家并不意味着和平。这个横跨地中海的共和国，对安东尼和屋大维而言显然还不够大。公元前 33 年，他们之间的休战协议正式到期，而且他们没有续约的打算。罗马即将迎来新的内战。过去 100 年来所有最糟糕的做法——放逐和谋杀——都以更加野蛮的方式重现。罗马的士兵互相攻击，没有恺撒时期标志性的克制和仁慈可言。在安东尼和屋大维的带领下，罗马近一个世纪的内战史达到了血流成河的高潮。

最后，屋大维取得了胜利。他的对手宁可自杀也不愿意被俘。罗马世界只剩下了一位管理者。屋大维被授予“奥古斯都”的头衔，意为“受尊敬的人”。确保和平后，他放弃了许多光鲜的权力，并宣布共和国已经完好如初。

但有些事情已经发生了深刻的变化。奥古斯都不看重权力的表面，但他对权力的本质十分在意。他所主导的共和国只有名义上的民主。所有重要的决策都由一人做出，而且只能由一个人做出。奥古斯都认识到了恺撒的命运，所以他把自己很好地隐藏在面具之后。他在一生之中只被称为“第一公民”（princeps），但历史却将他记为第一任皇帝。新的时代已经开始。罗马共和国已经死去，冉冉升起的是罗马帝国。

后　记

Epilogue

野心家是不应当这样仁慈的。

——莎士比亚

最后，我们该如何看待恺撒？人们对他被刺杀无疑存在争议，因为那些担心他是暴君的人，和那些赞美他是救世主的人，都有一定道理。恺撒本质上就是一位君主，只是欠缺了一个头衔。正如他本人所说，他的话就是法律。对于像布鲁图这样把“国王”这个词与奴役等同起来的传统罗马人而言，这的确是对自由的破坏，象征着共和国的死亡。

但恺撒也是一座希望的灯塔。在近百年的时间里，罗马一直在内耗，在持续不断的政治暴力和军事政变的血雨腥风中难以自拔。恺撒正确地认识到，要根除这种凶险的不安定因素，需要一位强有力的领袖。他的统治开明而仁慈，如果在这个过程中他粗暴地践踏了罗马的法律，那只是因为这是必要的。

另一方面，恺撒是一个两极分化的人物。他的伟大一生就是罗马历史的分界线：在他之前是共和国，而在他之后是帝国。因此，他的人生经历向我们抛出了一个令人不安的问题：民主政府是如何消亡的？常见的一种观点认为，就罗马的情况而言，恺撒本人就是罪魁祸首。但事实上，共和国的凋零源于内部。

早在恺撒出生之前，罗马的作家们就警告称社会正变得不稳定。腐败的政治统治阶级为了自己的利益，让被统治者陷入苦难，这种现象反过来又被蛊惑人心的煽动家利用。公元前 2 世纪不可想象的政治暴力，到了公元前 1 世纪却司空见惯。道德上的腐坏潜滋暗长，上层的恶习侵蚀了下层的民众。人们忘记了自己的政治责任，出卖了自己的忠诚，以换取小恩小惠带来的欢愉。

实现自由是一项棘手的艰巨任务。它需要牺牲，一切都要以全罗马的利益为优先考量对象。然而，对于罗马的大多数统治阶级，包括布鲁图和其他解放者在内，爱国主义早已与实用主义难解难分。恺撒也许可以跨过卢比孔河，但士兵们为何心甘情愿追随他？这才是罗马共和国更大的麻烦。这样的人民有能力获得自由吗？这值得一问。

在恺撒死后的几个月里，西塞罗就向罗马人提出了这个问题。他大声疾呼："生命不只是一个涉及呼吸的问题。其他国家可以忍受奴役，但罗马不能。"* 然而，他对诸如自由和为公共利益服务等罗马古老美德的呼吁，却被置若罔闻。道德勇气就像肌肉，不锻炼就会萎缩。共和国的理想对大多数公民而言过于昂贵，难以承受。而把治理的责任交给马克·安东尼或奥古斯都，则要容易得多。正如历史学家撒路斯提乌斯所说："只有少数人寻求自由——大多数人只想找个公正的主人。"

西塞罗最终也得出了类似结论。反思共和国的最后几年，他对其崩溃的原因做了诊断："过火的自由，将结出奴役的果实。"† 罗马陷入了恶性循环。混乱推动了专制政治的崛起，专制统治又不断侵蚀着人民拥抱自由的能力。罗马人拒绝了恺撒的有限专制，但这只是为奥古斯都更专横的统治铺平了道路。

---

* 这篇针对马克·安东尼的演讲使西塞罗失去了生命。

† 西塞罗这句话，是对柏拉图在《共和国》（*The Republic*）中观点的总结。柏拉图写道："无论对国家还是对个人，过度的自由，似乎只会带来奴役……最严重的暴政模式诞生于最极端的自由模式。"

悲剧在于，恺撒是历史上真正伟大的人物之一。他也许是古代世界诞生以来最为完美的人，无论在宫廷上还是在战场上都能游刃有余。他既是建筑师，也是立法者；既是天才演说家，也是作家；既是实干家，也是思想家。人们常认为他最大的缺点是野心过大，但这一点其实与他之前的几代罗马人没有太大不同。和其他贵族一样，他希望成为罗马的第一人，成为政治、财富和名誉上最杰出的那个。唯一不同的是，恺撒的赌注比前几代人的更大，而且由于罗马传统的崩解，他所受的限制也更少。*

恺撒比起同时代的其他人，出众之处在于他的政治风度。在他之前和之后的那些人，会在取得胜利后进行血腥的清洗，包括但不限于屠杀、暗杀和公开处决。但恺撒宽大为怀。这可能是为自己考虑，但也是一种打破令共和国深受其害的暴力循环的真正尝试。

不幸的是，这一尝试来不及走向成熟。继任者奥古斯都在幕后当了 40 多年的傀儡师，但恺撒不同，他没有足够的时间来建立持久的和平，只留下了描绘其构想的淡淡的草图。

恺撒的示范效应很快消失了。奥古斯都在攫取权力期间，很好地利用了他与恺撒的关系。但一旦他地位稳固，情况就相反了。对于自己的统治，他最感到自豪的一点就是他修复了共和国。他与恺

* 罗马共和国没有成文的宪法，而是依靠几个世纪以来的习惯和先例来约束野心。

撒的所有联系都被悄然淡化。* 另一方面，布鲁图和加图的名誉则得到了部分恢复，他们被塑造成奥古斯都所“恢复”的自由的崇高捍卫者。当然，奥古斯都不愿意做得太过分，毕竟恺撒才是这个王朝的缔造者。

奥古斯都之后的统治者就没有这么矛盾了。3 月 15 日被定为“弑君之日”，元老院再也没有在这一天开过会。在中世纪，恺撒被列入“九圣贤”（Nine Worthies）†——有史以来最伟大的九位统治者，而但丁把布鲁图和卡修斯置于地狱的最底层，这些卑鄙的背叛者注定要被可怕的撒旦永远咀嚼。恺撒的《高卢战记》成为一代又一代拉丁文学习者的标准教材，文艺复兴时期的思想家也普遍称赞他是一位文学家。

到了启蒙运动时期，人们对于恺撒的看法出现了矛盾。随着法兰西共和国在欧洲的众多君主国当中挣扎诞生，布鲁图和加图显得更加正直，而恺撒的形象则变得邪恶。甚至美国的开国元勋当中也存在这种分歧。当时，乔治·华盛顿的爱国事业在福吉谷（Valley Forge）陷入低谷，为激励部队，他参演了约瑟夫·艾迪生（Joseph

* 奥古斯都将谋杀恺撒的房间改造成了公共厕所，以防止它成为圣地。

† “九圣贤”包括三位犹太教徒、三位基督教徒和三位异教徒。与恺撒一同作为异教徒入选的是赫克托耳（Hector）和亚历山大大帝。

Addison）的戏剧《加图》（*Cato*）。[*]与此同时，美国政治家亚历山大·汉密尔顿（Alexander Hamilton）却把恺撒誉为"有史以来最伟大的人"。

欧洲的君主们倾向于同意汉密尔顿，法兰西第一帝国和第二帝国都直接向恺撒看齐。拿破仑甚至声称，他的整个职业生涯都受到这位伟大的独裁官的启发。他的侄子拿破仑三世表示，上帝"举起了恺撒，向人们指明他们应该遵循的道路"。[†]20世纪初，世界上最强大的三个国家的统治者，都以"恺撒"命名自己的头衔。[‡]

对于恺撒的认知分歧激起了人们无尽的讨论。多年来，他一直在被阐释和重新阐释，以满足时代的情愫。他曾作为开明的统治者和迷恋权力的独裁者登场，也曾扮演放荡的暴君和战争天才。每一代人都以自己的方式塑造着他。

值得注意的是，恺撒也对自己有过评论，这在古代人物里几乎是独一无二的。翻开他的《高卢战记》，人们就能感受到一种历经20个世纪也未曾消减的魅力。这本书的读者鲜少能逃脱它的吸引。

---

* 讽刺的是，他们所反抗的国王乔治三世（George III）曾在近30年前出演过同一部戏剧，以抗议他父亲的专制。美国开国元勋的多句名言可能都源于这部戏剧，包括"不自由，毋宁死！"和"我唯一的憾事是仅有一次生命献给我的祖国"。

† 拿破仑三世在位期间，曾用时数年撰写了两卷《恺撒传》。

‡ 他们分别是德意志帝国皇帝（Kaiser）、奥地利帝国皇帝（Kaiser）和俄罗斯帝国沙皇（Czar）。

莎士比亚是最伟大的英语运用家，也是最有见地的恺撒观察者之一，在他看来，恺撒像“一位巨人，跨越了这狭隘的世界”。

他就这样鲜活地留在了历史长河里。即使在故去 2 000 多年后的今天，人们依旧对他耳熟能详。